結果につながるSNS時代のマーケティング戦略

JN074301

ゼロからわかる
ビジネス
Instagram

Business Instagram from scratch

株式会社ホットリンク
朝山高至

SB Creative

▶ 本書に関するお問い合わせ

この度は小社書籍をご購入いただき誠にありがとうございます。小社では本書の内容に関するご質問を受け付けております。本書を読み進めていただきます中でご不明な箇所がございましたらお問い合わせください。なお、ご質問の前に小社 Web サイトで「正誤表」をご確認ください。最新の正誤情報を上記のサポートページに掲載しております。上記ページの「正誤情報」のリンクをクリックしてください。なお、正誤情報がない場合、リンクをクリックすることはできません。

▶ ご質問送付先

ご質問については下記のいずれかの方法をご利用ください。

Web ページより

上記のサポートページ内にある「この商品に関する問い合わせはこちら」をクリックすると、メールフォームが開きます。要綱に従って質問内容を記入の上、送信ボタンを押してください。

郵送

郵送の場合は下記までお願いいたします。

〒 106-0032
東京都港区六本木 2-4-5
SB クリエイティブ　読者サポート係

はじめに

　2019年、日本の広告費においてインターネットがテレビを抜き、2020年にはインターネット広告全体に占めるソーシャルメディア広告の割合が30％を超え、ソーシャルメディアは企業にとって生活者とのコミュニケーションチャネルとして中心的な役割を担うようになりました。

　数あるソーシャルメディアの中でも最重要プラットフォームの一つが、全世界で10億人が利用し、アクティブユーザーが右肩上がりに伸びているInstagramです。

　人々はInstagram上で接した情報によって何を買うか、どこに行くかを決め、Instagramで自己表現をするために購買行動をおこすようになりました。

　マーケティングにおけるInstagramの重要性が増す一方で、なかなか活用に踏み出せていなかったり、本来の目的を見失いフォロワーの数を増やすことだけを目標にしてしまうような事例も数多く見受けられます。

　私はホットリンクという会社で企業のSNSマーケティング支援をする中で、Instagramを活用したマーケティングにおける成功法則を見出しました。

　2021年現在、COVID-19の影響でオフラインの顧客接点が制限されるなど、多くのビジネスにとって非常に厳しい状況が続くなか、Instagram活用の知見を共有することで暗闇の中に小さな光を灯せればと思い、本書を執筆することにした次第です。

　本書を読むことで

・Instagramを活用してビジネスが売上げアップにつなげる法則
・それを踏まえて具体的にどのように活用すればいいのか

を理解することができます。

　Instagramを通して皆さんのブランドが繁栄することを願っています。
　最後に、「#インスタ攻略本」で本書の感想をSNSに投稿いただけると嬉しいです。

　　　　　　　　　　　　　　　朝山 高至（Twitter: アサヤマ-ASAYAMA　@taasayan）

Contents

Chapter 4

フォロワーを増やすアカウント運用術 …… 85

Chapter 5

魅力が伝わる投稿作成のコツ …… 117

Chapter 6

Instagramをさらに盛り上げる施策 ……… 137

なぜInstagramでモノが売れるの？

• • • • • • •

身近なSNSとして人気を博しているInstagramですが、近年ではビジネス目的での利用も目立つようになりました。本書ではInstagramを販促に活用する方法を学んでいきますが、はじめになぜInstagramでモノが売れるのかを、Instagramの仕組みとともに見ていきましょう。

Chapter 1
01　Instagramってどんなもの？

Instagramの利用者は国内で3,300万人を突破し、年齢層や利用目的も変化してきました。最初はInstagramの基本を押さえつつ、最近の動向やビジネス方面での可能性を見ていきましょう。

▶ Instagram ユーザー＝若い女性？

Instagramは写真や動画の撮影/編集/共有ができるSNSです。Instagramというと「若い女性を中心に、綺麗で目立つ写真を投稿する」イメージが強いかもしれません。「インスタ映え」という言葉も流行しましたね。

Instagramが日本で普及しはじめた2016年頃は若年層の女性を中心に使われていましたが、2019年には男女比がおよそ4：6となり、30代以降のユーザーも増えて利用者層が多様化しています（参考：https://about.fb.com/ja/news/2019/06/japan_maaupdate-2/）。

Instagram ユーザー層の拡大

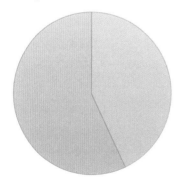

国内ユーザー数　3,300万人
男性　43％
女性　57％

Instagram の機能

　Instagram は写真や動画のような直感的に伝わる投稿が中心の SNS です。写真や動画を投稿する「**フィード**」、24時間で消える「**ストーリーズ**」、短尺動画に楽曲を付けて投稿する「**リール**」等があります。

フィード投稿（左）とストーリーズ投稿（右）

ストーリーズをアーカイブに
保存すると、24時間が経過
した後でも見ることができま
す。

　また、「**#（ハッシュタグ）**」の活用も Instagram の特徴です。「# カフェ」のように、キーワードの先頭に # を付けて投稿したり、他のユーザーの投稿を検索することができます。

ハッシュタグ検索

Memo

ハッシュタグ検索画面には人気の投稿が表示される「トップ」と新しい投稿が表示される「最新」の2つのタブがあります。「トップ」に表示される投稿は、エンゲージメント等の複数の要素をもとに、Instagramのアルゴリズムによって決定されます(p.88)。

▶ Instagram の利用目的

　Instagramが日本で使われるようになった2016年頃は、投稿された写真に「いいね」やコメントをしたり、ダイレクトメッセージをやり取りする等、友人・知人間でのコミュニケーションの場としての利用が中心でした。しかし、ユーザー層の多様化やInstagram機能の追加にともなって、近年では情報収集やショッピング目的で使う人も増えてきました。

　2019年に株式会社ジャストシステムが実施した調査によると、ファッション分野ではInstagramを情報源とする人が29.4％で、Googleの28.3％を抜いて最多となっています。また、近年はレジャーやグルメにおいてもInstagramの利用が伸びています(参考：https://prtimes.jp/main/html/rd/p/000000384.000007597.html)。

　情報収集目的においてはいわゆる「インスタ映え」する美しい写真だけでなく、テキストの多い読み物系のコンテンツや複数枚の画像や動画を使ったHow-To系コンテンツもよく投稿されています。

テキストの入ったお役立ち系コンテンツ

　Instagramには投稿を保存する機能があり、この手の有益なコンテンツは後から見返す人も多いです。商品の選び方やレシピを参考にしたり、気に入ったヘアスタイルを保存して美容院で注文するなどの使い方ができます。

投稿を保存する

タップして保存

Memo

名前を付けて「コレクション」
としてまとめることもできま
す。

　また、2018年に導入されたショッピング機能も要注目です。あらかじめEコマースサイトの商品をカタログに登録して申請することで、InstagramのアプリからEコマースサイトまでスムーズに移動できるようになりました（p.53）。他にも、Uber Eats 等のデリバリーサービスと提携し、専用のスタンプを通してストーリーズから料理を注文できる機能が実装される等、ユーザーが気軽に買い物を楽しめるように進化しています。Instagram 上で販売できる商品やEコマースサイトを持っている場合は、これらの機能を積極的に活用することをおすすめします。

Instagramのショッピング機能

■Point!
- ☑ Instagramのユーザー層や利用目的が多様化している
- ☑ ハッシュタグを使った情報収集が盛んに行われている
- ☑ ショッピング機能が進化している

02 なぜInstagramでモノが売れるの？

本節では、ユーザーの消費行動を6つのプロセスに分けて解説します。ユーザーが商品について知り、購入を決定するまでの流れを見ていきましょう。

◢ Instagram上での情報の広がり方

商品を買ってもらうためには、商品の存在が知られていることが前提になります。Instagram上での情報の広がり方は、大きく分けて「**1対n**」「**N対n**」の2つです。

- 1対n（自分が発信する）
- N対n（不特定多数が発信する）

Instagram上での情報伝達

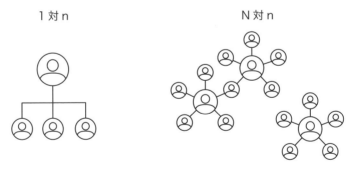

1対n

N対n

自分のアカウントから発信した情報が
どれだけ届いたか

個々のユーザーに発信してもらう

「1対n」は自分のアカウントの影響力、「N対n」は一般のInstagramユーザーを巻き込んだ発信力です。自社アカウントは1つしかありませんが、無数に存在する一般のInstagramユーザーを「商品や口コミを発信してくれるメディア」と捉えて「N対n」の拡散を強化できれば追い風となります。

口コミからはじまる購買のサイクル

▶ 一般ユーザーの口コミが購買の決め手になる

　多くの人はオンラインで何かを買ったり、大きな買い物をする前に、同じものを買った知人の感想やEコマースサイトに掲載されているレビューを参考にします。みなさまも口コミによって購入を決めたり、見送ったりした経験があるのではないでしょうか。口コミによる購買への影響は大きく、マーケティング用語では口コミのことを「**UGC (User Generated Content)**」と呼びます。

　公式による発信も大事ですが、一般ユーザーの投稿するUGCは購買を直接左右する要素です。2019年に行われたStacklaの調査によると、特定の旅行先に興味を持つきっかけとして最も多いのは旅行代理店のサイトに掲載されているプロの写真やインフルエンサーの投稿ではなく、身近な人のSNS投稿です。公式や有名人の発信よりも、身近な人によるUGC投稿が購買を後押ししているのです。

旅行計画時に最も影響を与えるコンテンツ

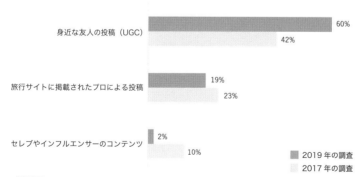

身近な友人の投稿（UGC）	60%	
	42%	
旅行サイトに掲載されたプロによる投稿	19%	
	23%	
セレブやインフルエンサーのコンテンツ	2%	
	10%	

■ 2019 年の調査
■ 2017 年の調査

※引用元：Stackla
BRIDGING THE GAP:Consumer & MarketerPerspectives on Content in the Digital Age
URL：https://stackla.com/resources/reports/bridging-the-gap-consumer-marketing-perspectives-on-content-in-the-digital-age/

▶ 購買のサイクル「UDSSAS」の6つのステップ

　私がInstagramでの販促支援を行う際には、ユーザーの行動を「**UDSSAS**」というフレームに落とし込んで分析しています。UDSSASの詳細は次のページで説明します。

①UGC（アテンション）

一般ユーザーAさんが商品の写真や感想を「フィード」や「ストーリーズ」に投稿したり、ダイレクトメッセージで友達に感想を伝えたりする。

②Discover（発見）

別のユーザーBさんがフィードやストーリーズ、発見タブ等から①のUGC投稿を「発見」し、商品やブランドを認識する。

③Save（保存）

Bさんは後から見返すため、Aさんの投稿を保存する。

Memo

Instagramの保存ボタンの他、投稿をスクリーンショットして画像フォルダに保存したり、投稿を誰かにシェアすることでダイレクトメッセージ上に保存することもあります。

④Search（検索）

商品やブランドについて調べ、さらなる口コミや詳細情報を探す。

Memo

Google等の検索エンジンの他、Instagramのハッシュタグ検索でUGCを探したり、アットコスメやLIPSのようなジャンルに特化した媒体で調べる場合もあります。

⑤ Action（購入）

調べた情報を参考にＥコマースサイトで商品を購入したり、実店舗に出かける等の行動を起こす。

⑥ Share（共有）

Ｂさんも購入した商品について投稿し、新たなUGCとなる。

Ｂさんの投稿を見た人が興味を持ち②以降の行動を取ることで、さらに購入やUGC投稿が増える。

UGC を起点とする購買プロセス「UDSSAS」

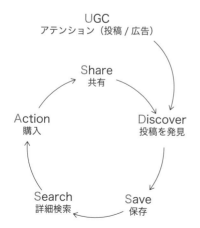

「UDSSAS」の起点となるUGCの量に比例して、投稿を見て商品を知る人、商品について調べる人、実際に購入する人も増えてきます。入る水の量が多いほど、じょうごから出る水の量も増えるようなイメージです。

　UDSSASが回りはじめると、UGCが勝手にアテンションし、UGCがUGCを呼ぶ好循環を生み出します。UDSSASのサイクルを回すためには、起点となる最初のアテンションを獲得することが鍵となります。そのためにはハッシュタグ検索や発見タブのおすすめ等で新規のユーザーに効率的にアテンションし、フォロワー基盤を作っていくこともポイントになります。

UGC投稿数と比例して指名検索数や売上が増加する

入口となる UGC の量に応じて、売上も増加する

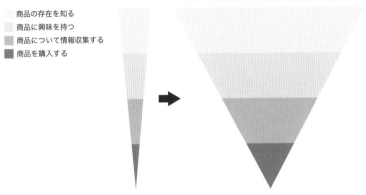

商品の存在を知る
商品に興味を持つ
商品について情報収集する
商品を購入する

■Point!
☑ 「1対n」は自分から他者へ伝えること
☑ 「N対n」は自分以外のユーザーがどれだけ話題にしてくれるか
☑ UGCは購買への影響力が強い
☑ UGCが増えると連動して売上も伸びる

03 Instagramを販促に利用する 4つのメリット

インターネットやSNSの普及により、誰もが情報を発信できるようになりました。直感的にイメージを伝えやすく、コメントなどで気軽にコミュニケーションを取れるInstagramは、販促の強い味方となります。

テレビCM、新聞広告、Web広告、メールマガジン、折込チラシ等、商品を宣伝する手段はたくさんあります。その中でInstagramをおすすめする理由は4つあります。

▶ Instagramの強み

▶ ①低コストで実施できる

Instagramのアカウントは無料で作成・利用できるため、広告予算がなくてもはじめられます。また、投稿やユーザーとのコミュニケーションの頻度にもよりますが、大がかりなものでなければ販促にあまり人員を割かなくても運用できるのも魅力です。「大金を払って広告を出したのに効果が出ない」といったリスクもないため、試して損はありません。

Instagramアカウントは無料で作成・利用できる

> **Memo**
>
> Instagramでもお金払って広告を出すことも可能です。その場合も1日100円〜というごく少額からトライできます。

▶ ②長期的な資産になる

　テレビCMやリスティング広告等の有料広告は即効性がありますが、広告を止めるとリーチも止まってしまうため、売上をキープするには広告費を投入し続ける必要があります。一方、Instagramでは短期的に目立った成果を出すのは難しいですが、運用を続けるほど投稿やUGC、フォロワーが積み重なり、アカウントやUGCが資産になります。

　例えばアカウントのフォロワーが5,000人になれば、5,000人に対して無料で商品情報を発信できる基盤となります。また、Instagram上に蓄積されたUGCも、購入を迷っている人にとって参考になる口コミのデータベースとして役立ちます。

　一般的に、目に見える効果が出るまでには短く見積もっても半年〜1年ほどはかかります。短期的な成果が出なくても焦らず、コツコツと発信を続けていきましょう。

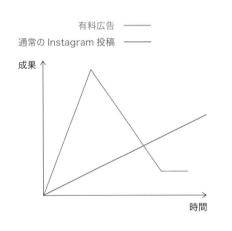

有料広告 ───
通常の Instagram 投稿 ───

成果

時間

Memo

アカウントの育て方については p.85 以降で詳しくお伝えします。

▶ ③情報が適切な相手に届きやすい

　Instagramではフィードやストーリーズのほか、ハッシュタグ検索や発見タブを経由して他のユーザーの投稿を見ることができます。基本的に、フィードやストーリーズにはフォローしている相手の投稿が表示されますが、ハッシュタグ検索や発見タブには、Instagramのアルゴリズムによって選定された投稿が並びます。ハッシュタグ検索では関連性の高い投稿の中から「いいね」や「保存」等のポジティブな反応が多い投稿が上位に表示される傾向が強く、発見タブでは各ユーザーが日頃見ている投稿内容や

「いいね」等のアクティビティをもとに好みに合いそうな投稿を表示します。例えば、レシピ紹介を保存しているユーザーであれば料理の写真、ペットの写真に「いいね」をすることが多いユーザーであれば動物の写真が発見タブに優先的に表示されるようになっています。

ユーザーごとに［発見タブ］の表示内容が変わる

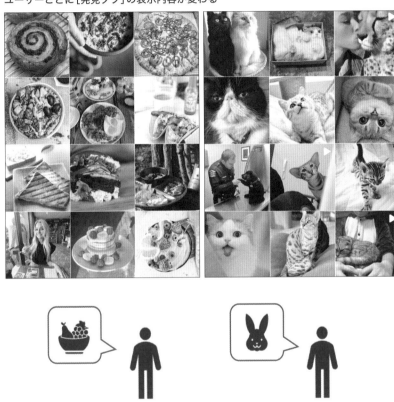

閲覧行動や「いいね」や「保存」等のアクションデータからユーザーの趣味嗜好を推測し、関連性の高そうな投稿が優先的に表示される

　Instagram は「特定のジャンルについての投稿やアカウント」と「特定のジャンルに興味がある人」を高い精度でマッチングしてくれるので、さまざまな種類の広告や他の SNS と比べて情報を効率よく届けることができます。マッチング精度を高めるためのハッシュタグ選びや運営のコツについては、Chapter3 にて詳しく解説します。

▶ ④顧客とコミュニケーションを取れる

　テレビCMをはじめとする広告は、企業側が一方的に情報を発信する場です。一方でInstagramは「ソーシャルメディア」すなわちコミュニケーションを取るためのプラットフォームです。投稿のコメントやダイレクトメッセージで顧客からの質問に回答したり、ストーリーズ上で使えるスタンプで簡単なアンケートを取る等、双方向のコミュニケーションを取ることができます。

Instagramの機能を使って簡単にやり取りできる

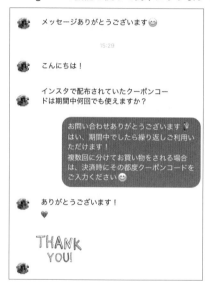

　公式サイトに設置したお問い合わせフォームで顧客からの要望や質問を受け付けている企業はたくさんありますが、SNSはメールよりも心理的なハードルが低く、顧客はちょっとした疑問をすぐに解消できます。
　顧客が気軽に意見や質問を送るようになると、企業にとっても顧客の生の声が手に入るというメリットがあります。SNSを通じて集めた顧客の声を商品企画やマーケティング施策の参考にしたり、複数人から質問があった点について説明を追加したりすることができます。商品を買ってUGC投稿をしてくれたユーザーにお礼のコメントをしたり、投稿をシェアしたりするのもおすすめです。誰でも質問に答えてもらったり、お礼を

言われるのは嬉しいものです。積極的に顧客とコミュニケーションを取って関係性を築き、熱量の高い「ファン」を増やしていけるのもInstagramの魅力です。

コミュニケーションはお互いにメリットがある

1

なぜInstagramでモノが売れるの？

単純接触効果とアルゴリズム

「単純接触効果」という心理学の用語があります。これは、特定の物や人に繰り返し接することで対象に好感を持ちやすくなる、という現象です。値段や性能が大して変わらない複数の商品の中からどれか1つを選ぶ場合に「見たことがあるもの、知っているもの」を優先的に選ぶことはないでしょうか。Instagramで商品について発信を続けたり、地道にコミュニケーションを取ることでもこの効果が期待できます。

また、Instagramのフィードやストーリーズ投稿は時系列ではなく、アカウントの関係性に応じて表示される位置等が決まります。コメントやメッセージのやり取りが多いアカウントどうしは「親密度が高い」と判定され、フィード投稿のトップやストーリーズの左側など、優先的に見やすい位置に出るようになります。詳しくはp.139で解説しています。

■Point！

- ☑ Instagramアカウントは無料で作成・利用できる
- ☑ UGCやフォロワーが蓄積して販促の基盤となる
- ☑ 見てほしい相手に効率よく情報が届く
- ☑ 顧客と双方向のコミュニケーションを取れる

アカウントを作って
はじめよう

● ● ● ● ● ● ●

本章ではInstagramアカウントの作成手順や投稿方法を紹介します。販促向けの「ビジネスアカウント」に変更する手順や基本的な使い方を解説していきますので、必要に応じて参考にしてください。

Chapter 2
01 Instagramアカウントを作成しよう

　それでは、アカウントを取得してInstagramをはじめましょう。ここで
はスマートフォンからのアカウント作成方法とビジネスアカウントの変更、
プロフィールの作り方を説明します。

▶ アカウントの準備

　Instagramのアカウントは5分程度で簡単に作成できます。はじめに、
Instagramアプリをスマートフォンにインストールします。Google Play
やApp StoreからInstagramアプリを入手して起動すると、

- Facebookアカウントを使用してログイン
- メールアドレスか電話番号を使って登録

という選択肢が表示されます。連携できるFacebookアカウントが無けれ
ばメールアドレスまたは電話番号を使ってアカウントを新規作成してくだ
さい。

> **Memo**
> Instagramは運営元であるFacebookとの連携も強みです。後に紹介するショッ
> ピング機能を使う場合、Facebookページと連携させる必要があります。

　アカウントを新規作成する場合はメールやSMSで認証を済ませ、名前、
パスワード、誕生日を入力します。名前は本名である必要はないため、会
社名やブランド名など顧客に覚えてほしい名前を設定しましょう。ここで
注意が必要なのは誕生日です。会社の創業日やブランドの誕生日を設定し
た場合、新しい会社やブランドでは未成年と認識されて一部の機能に制限
がかかることがあるため、20歳以上になるよう設定しましょう。

▶ ビジネスアカウントに変更する

Instagramのアカウントの種類は

- 個人用アカウント
- ビジネスアカウント
- クリエイターアカウント

の3つがあり、初期設定では「個人用アカウント」になっています。アカウントの種類は簡単に切り替えられるので、ここで**「ビジネスアカウント」**に変更しておきましょう。プロフィール画面右上の三本線から［設定］を開き、［アカウント］→［アカウントタイプを切り替え］でビジネスアカウントに変更すると、プロフィールに営業時間、住所、電話番号などのビジネスに関する情報を掲載できるようになります。

ビジネスアカウントに切り替える

> **Memo**
>
> 後述するInstagramのショッピング機能を使うためにも、ビジネスアカウントである必要があります。

ビジネスアカウントに変更するもうひとつの目的は「インサイトデータ」の活用です。投稿を見た人数やプロフィールへの訪問数等を確認できます。投稿した後にインサイトデータを参考に次の投稿内容やハッシュタグを改善し、また投稿し、検証し、改善し……とPDCAサイクルを回すことができるようになります。

Memo

フォロワーが100人以上になれば、フォロワーの活動時間帯や年齢性別の比率などのデータも確認することができるようになります。インサイトデータの見方についてはp.101にて解説しています。

プロフィール情報を設定する

　ビジネスアカウントに変更できたら、アイコンや自己紹介などのプロフィール情報を設定していきましょう。プロフィールの完成度は集客に大きく影響しますので、下記を参考に工夫してみてください。

Instagramのプロフィール情報

1　プロフィール画像
2　名前
3　自己紹介
4　Webサイト
5　連絡先情報

▶ ①プロフィール画像

　企業やブランドのロゴなど、覚えてもらいたいアイコンを設定してください。小さく表示されるため、シンプルな形状にしたり適度な余白を入れる等、認識しやすくする工夫をしましょう。しっかり見なくてもわかるよう、背景に色をつけるのもおすすめです。

プロフィール画像の例

◎良い例　　　　　　　　　　　×イマイチな例

要素が少なくシンプル＆色で見分けやすいため、小さく表示されても識別できる

アイコンに様々なものが写り込み、何がメインかわからない

▶ ②名前

　プロフィール画面に表示される名前で、半角英数のユーザーネームとは
異なり日本語も使用できます。ブランド名など、覚えてもらいたい名前を
設定しましょう。30文字まで入力できるため、商品やブランドについて
簡単な説明などを追記しても良いでしょう。

名前

Memo

紛らわしいですが、アカウン
ト作成時に決めた半角英数の
「名前」は、以後「ユ　ザ
ネーム」と呼ばれます。投稿
した際に表示されるのは
「ユーザーネーム」です。

▶ ③自己紹介

　商品に関する説明などを最大150文字まで記入できます。必ず入れてお
きたい内容は次の4つです。

(1) アカウントのテーマ

　どのような商品を紹介するのか、何を伝えるアカウントなのかを簡潔に
伝えましょう。
例) オーガニックコスメブランド「○○」の公式アカウントです。

(2) アカウントが提供する価値

　Instagramユーザーがこのアカウントをフォローするメリットを明記し
ましょう。新商品情報がいちはやく手に入る、オンラインクーポンを配布
する、コーディネートやレシピを提案する……等、有益な発信をしている
ことを伝えます。また、公式アカウントが顧客の投稿したUGCをシェア
することも一種の「価値」と言えます。

(3) 指定のハッシュタグ

　顧客のUGCを活用する場合、商品の写真を投稿してもらう際に付けてほしいハッシュタグをプロフィールに入れておきましょう。プロフィールを訪れたユーザーにハッシュタグを認識してもらうことで、ハッシュタグの付け忘れや誤字・表記ゆれによるUGCの取りこぼしを防ぐことができます。

(4) 商品の入手先

　「投稿が気に入ったけれどもどこで買えるのかがわからない」ということが無いよう、Eコマースサイトや実店舗がある場合はそれらの情報を記載しましょう。Instagramのプロフィールには Web サイトのリンクを1件掲載できますので、公式サイトや販売ページがある場合は必ず入れておきましょう。プロフィールにはメールアドレスや電話番号、住所を設定する欄もありますので、実店舗に集客したい場合はこれらも記入します。

　多くの店舗で販売している場合は「全国のコンビニで販売中」のように記載しておくのも良いでしょう。

Web サイトや店舗の情報を追加する

> **Memo**
>
> Webサイトのリンクを入れる場合はクリック後に何が起きるかがわかるよう、「▼オンラインショップはこちら」等とリンク先の内容を明記してあげると親切です。

> **Memo**
>
> プロフィールに空行を入れる場合は、改行後にスペース（空白）を入力すると反映されます。

■ **Point!**

☑ **アカウントを取得したら、ビジネスアカウントに変更する**

☑ **プロフィール情報は必ず設定する**

Chapter 2
02
Instagramの投稿は5種類！
実際に触って試してみよう

　写真や動画をアップロードできる「フィード」や24時間限定で写真や動画
を公開する「ストーリーズ」など、Instagramではさまざまな種類の投稿が
できます。それぞれの使い方や特徴を知り、商品に合った発信方法を見つけ
ていきましょう。

▶ アカウントの準備

　Instagramには「フィード」「ストーリーズ」「リール」「ライブ配信」
「IGTV」の5種類の投稿方法があります。投稿方法によって見せ方のコツ
やできることが異なりますので、順番に紹介していきます。

▶ フィード

　初期から存在するメジャーな投稿方法です。多くの人がInstagramと聞
くとこのフィード投稿をイメージするのではないでしょうか。写真や動画
をフィルター等で加工し、キャプション（文字）やハッシュタグ、位置情
報をつけて投稿できます。

> **Memo**
> 一度に投稿できる写真や動画は最大10件で、複数投稿するとスワイプして次を見
> る「カルーセル」という形でアップロードされます。また、投稿できる動画は最長
> 60秒、キャプションの文字数は最大2,200文字です。

フィード投稿の手順

1
タイムライン画面の⊞ボタンを
クリックします。（プロフィール
画面からも投稿を作成できます。）

複数投稿

2
[新規投稿] 画面が表示されるので、投稿したい写真を一覧から選択します。
複数投稿ボタンをクリックしておくと、写真や動画をまとめて選択できます。

2

アカウントを作ってはじめよう

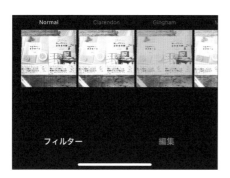

3
フィルターを選択して風合いを出したり、[編集] で明るさ等を補正できます。

Memo

Instagram では約20種類のフィルターを利用できますが、アカウントの中で統一感を出すため、利用するのは1-2種類に絞ると良いでしょう。

4
キャプション（文字）やハッシュタグ、位置情報などを追加してシェアします。

Memo

「タグ付け」では他のアカウントを投稿に紐づけることができます。UGCをフィード投稿としてシェアする場合は、必ず投稿元のユーザーをタグ付けするようにしましょう。

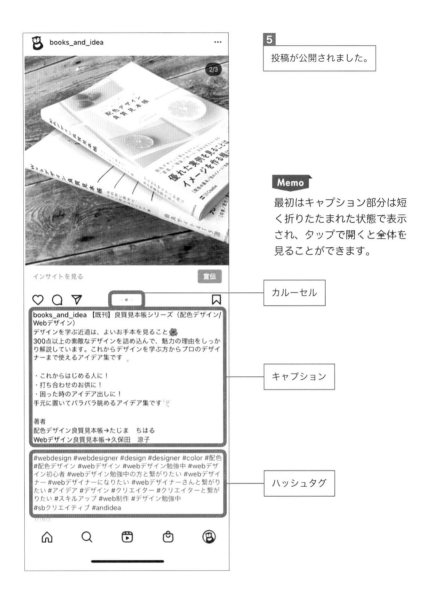

5

投稿が公開されました。

Memo

最初はキャプション部分は短く折りたたまれた状態で表示され、タップで開くと全体を見ることができます。

カルーセル

キャプション

ハッシュタグ

　フィード投稿はプロフィール、タイムライン、発見タブ、ハッシュタグ検索結果、スポット検索（位置情報をもとにした検索）結果に表示されます。ハッシュタグや発見タブを通して、自分をフォローしていないユーザーにも投稿を見てもらうチャンスがあります。

▶ ストーリーズ

　24時間で消える縦型フォーマットの投稿です。写真や動画を投稿したり、他の人の投稿をシェアすることもできます。ストーリーズに投稿するとタイムラインの上部にアイコンが表示され、タップすると内容を見ることができます。ストーリーズの表示順はInstagramのアルゴリズムによって調整されていて、新しい投稿や、普段から交流が盛んであったり、好んで見ているアカウントによる投稿が優先的に表示される仕組みになっています。

ストーリーズの表示順

新しい・交流が多い　　　古い・交流が少ない

　ストーリーズは24時間で消えるという気軽さから高頻度で利用されています。新商品の紹介、営業時間や期間限定セールの情報、インスタライブの告知等、フォロワーとのコミュニケーションに適しています。

ストーリーズの利用例

タイムラインの左上に表示されている自分のアイコンをタップすると、ストーリーズの投稿を作成できます。

1

タイムラインの左上に表示されている自分のアイコンをタップし、投稿作成画面を開きます。
（プロフィール画面からストーリーズの投稿を作成することも可能です。）

2

ストーリーズで紹介したい写真や動画を選択し、必要に応じて文字やスタンプなどを追加します。

3

送信先を指定してシェアします。
（あらかじめ「親しい友達」のリストを作成して限定公開することも可能ですが、ビジネス目的で使う場合は基本的に全体公開で良いでしょう。）

> **4**
> 投稿が公開されました。ストー
> リーズが公開されると、アイコン
> の周りに色が付きます。

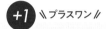 ＼プラスワン／

ストーリーズでコミュニケーションを楽しもう！

ストーリーズはフォロワーとコミュニケーションを取る手段が充実してい
ます。ダイレクトメッセージや上にスワイプするだけで送れる「クイック
リアクション」のほか、スタンプで簡単にアンケートや質問をすることも
できます。スタンプを使って商品にまつわるクイズや使い方のアンケート
を取るのもおすすめです。

スライドスタンプとアンケートスタンプ

　また、ストーリーズの投稿内容を残したい場合は、ストーリーズ画面の
右下のアイコンから「ハイライト」に追加すると24時間を過ぎてもプロ
フィール画面から確認できます。商品情報やレシピ等、テーマ別にハイラ
イトを作成すると情報を整理できます。

ストーリーズを保存するハイライト機能

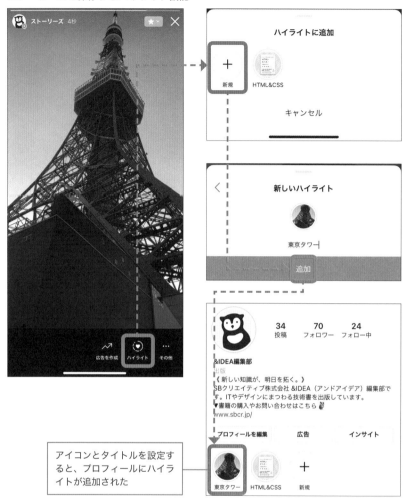

アイコンとタイトルを設定すると、プロフィールにハイライトが追加された

▶ リール

　楽曲やエフェクトを付けた15秒または30秒以内の縦型動画を投稿する機能です。発見タブやハッシュタグ検索にも上位にリール枠があり、フォロワー以外のユーザーにも届きやすい仕様になっています。リールで作成した動画には、投稿前にキャプションやハッシュタグを付けることができます。

• アプリ上でタップしやすいフッター中央に専用タブがある

- 発見タブやハッシュタグ検索でも上位にリール枠がある
- プロフィールにもリール専用のタブがある
- タイムライン上にもフォローしていないユーザーのリールがおすすめとして表示される

……といった点から、Instagramが積極的に使ってほしい機能として打ち出していることがわかります。

リールの投稿方法

1
アプリ下部の中央に表示されているアイコン→右上のカメラアイコンをタップします。

2
投稿作成画面が表示されます。左側のアイコンから動画の長さ、音楽、エフェクト等を選択できます。

Memo

リールで作成した投稿を表示する場所は「発見タブのみ」「発見タブとフィード」「ストーリーズ」の3つから選択可能です。

2

アカウントを作ってはじめよう

▶ ライブ

　撮影しながら配信する機能です。配信中に視聴者からの質問に答える等、リアルタイムでコミュニケーションを取ることができます。商品に関する疑問をその場で解消できるため、購入の最後の一押しとしても優秀なツールです。ライブは最長で4時間まで配信可能で、ライブ中はストーリーズ欄の左側に表示されます。アカウントのプロフィールからも配信中であることがわかりますし、発見タブのIGTVの「配信中」に表示されることもあり、フォロワー以外にも見てもらうチャンスがあります。

　タイムライン右上の投稿作成ボタンをタップし、画面下部の投稿方法を切り替えるところを右端までスワイプするとライブ配信画面を表示できます。フィードやストーリーズと違いリアルタイムで配信することになるため、事前に伝える内容を整理しておくと良いでしょう。

ライブ配信手順

Memo

スワイプするとフィード、ストーリーズ、リール、ライブ配信の4種類の投稿方法を選択できます。

投稿作成画面で右端までスワイプして「ライブ」モードにし、中央のボタンをタップすると配信が始まります。

ライブ中はストーリーズやプロフィールのアイコンに「LIVE」と表示されます。ユーザーが配信を見たりコメントを送ると、それらが画面の下部から確認できます。コメントを見ながら視聴者からのリクエストに応えていくのもおすすめです。

	ライブ動画は終了しました	
⊡	IGTVでシェア	＞
↓	動画をダウンロード	
🗑	動画を削除	

Memo

配信画面右上の×ボタンを押すと配信を終了します。終了後に「IGTVでシェア」を選択すると、プロフィールページからアーカイブを見ることができます。

　ライブではリアルタイムで視聴者とコミュニケーションを取ることが重要です。突発的に配信するよりも「毎週水曜日の19時から20時」のようにライブを行う日時を固定したり、フィード投稿やストーリーズでライブの告知を行うと見てもらいやすくなります。質問が来ないことが心配だったり、事前に視聴者が聞きたいテーマを知っておきたい場合、ライブの告知時に質問を募集しておくのも良いでしょう。特にストーリーズにはライブの時間にリマインダーを送ってくれるカウントダウンスタンプやメッセージスタンプ、アンケートスタンプなど便利な機能がたくさんあるので試してみてください。

ライブ配信手順

「インスタライブで 新商品お披露目！」
2021年2月17日 水曜日 19:00

リマインダー
を設定

カウントダウン
をシェア

カウントダウンスタンプから
リマインダーを設定

テキストボックスで
質問やリクエストを送る

▶ IGTV

　1分から60分の長尺の縦型あるいは横型動画を投稿できる機能です。フィードやストーリーズ、リールに収まらない動画はIGTVで作成しましょう。IGTV動画はプロフィール画面から作成できます。

IGTV

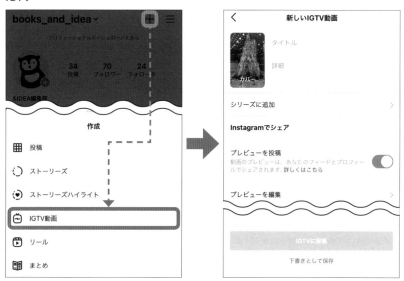

+1 ＼プラスワン／

IGTV専用アプリ

Instagram公式が提供する専用のアプリを使うと、動画の作成や投稿がよりスムーズにできます。長尺動画の投稿頻度が高い方はおすすめです。

■ Point!
- ☑ Instagramの投稿方法は5種類
- ☑ 目的に応じて投稿フォーマットを使い分けよう

Instagramのリアクション機能を使いこなそう！

Instagramでは投稿に「いいね」をしたり、コメントやダイレクトメッセージでコミュニケーションを取ることができます。本節ではよく使われるリアクション機能について解説します。

コメントは情報の宝庫

フィードやストーリーズ等の投稿を続けていると、他のユーザーからコメントやダイレクトメッセージが届くことがあります。名前やメールアドレス等、複数の項目を入力する必要があるWebサイトのお問い合わせフォームと比較してInstagramは気軽にコンタクトを取れるため、ちょっとした質問を送ってくるユーザーもいます。届くコメントやメッセージの全てに返信するのは負担が大きいですが、商品に関する質問には可能な範囲で回答してあげると良いです。ユーザーにとって自分の質問にきちんと返事が来るのは嬉しいものですので、企業やブランドに対して良い印象を持つかもしれませんし、疑問が解消されたことで購入を決めるかもしれません。企業側もユーザーが何を気にしているのか、どんなことを知りたいか、といった生の声を集めることができます。さらに、Instagramではアルゴリズムがアカウントどうしの親密度を判定し、それによってフィードやストーリーズの投稿の表示順を変更します。コメントに回答を返すやり取りで親密度が上がると、自分の投稿が相手に表示されやすくなるという側面もあります。

▶ フィード投稿へのコメント

フィード投稿にコメントが付くと、キャプションの下に［コメント1件を表示］［コメント10件をすべて見る］といった文字が出ます。タップすると開いてコメントを表示できます。

フィード投稿のコメント

いいね！：peth.tl24、他数千人

moron_non 小春日和。
→これふと気になって定義を調べたら【晩秋から初冬にかけての、暖かく穏やかな晴天である。】らしいです😊... 続きを読む

コメント12件をすべて見る

タップしてコメントを表示

　投稿に対して「参考になります」「きれいですね」等のコメントが来ることがあります。質問には返信することをおすすめしますが、こうした感想のようなコメントに対しては「いいね」等で反応するのでも良いでしょう。

コメントに「いいね」をする

 books_and_idea 新作楽しみにしてます😍
35秒　　「いいね！」1件　　返信する

▶ ダイレクトメッセージ

　ストーリーズにコメントや絵文字のみの「クイックリアクション」を送ると「ダイレクトメッセージ」として送信されます。フィード投稿へのコメントは第三者からも見えますが、ダイレクトメッセージは自分と相手だけのクローズドなやり取りです。

　なお、ダイレクトメッセージはプロフィール画面の［メッセージ］ボタンからも開始できます。

ダイレクトメッセージ

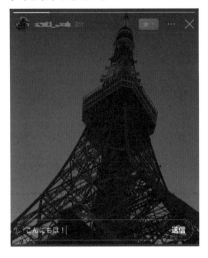

「いいね」と「保存」の使い分け

　「いいね」と「保存」はどちらも投稿に対するポジティブなアクションですが、その目的は大きく異なります。いいねは相手に見られることを前提としたコミュニケーションの一種であるのに対し、保存は自分のための行動です。投稿にいいねをすると相手に通知が行き、誰のリアクションかも確認できます。そのため、いいねは投稿を気に入ったことを表明したり、相手に好意を持っていることを示すあいさつ代わりに使われることもあります。一方、投稿を保存しても相手に通知は行きません。投稿主から見えるのは「何人が保存したか」だけで、保存したのが誰かは確認できません。いいねが相手を意識したコミュニケーションであるのに対し、保存は自分が後から投稿を見返すために行われます。

　保存した投稿はカテゴリ別にフォルダ分けして整理することもできます。気になる商品の投稿をコレクションしておき、後から見返して購入するというウィッシュリストとして使われることも少なくありません。プロフィールから保存済みの投稿を確認できます。

カテゴリ別に投稿を保存する

Memo

ショップタグの付いた投稿は
自動的に「ウィッシュリスト」
に保存されます。

アカウントを作ってはじめよう ②

▶ フィード投稿をシェアする

　フィード投稿の左下に表示されている紙飛行機のアイコンをタップすると、投稿を自分のストーリーズでシェアすることができます。Instagramの数少ない拡散機能です。ストーリーズにシェアされた投稿は、シェアした人のフォロワーに表示され、そこから商品についての会話がはじまる……といったことも期待できます。シェアされた投稿に興味を持った人がプロフィールを訪問するかもしれません。また、企業側が一般ユーザーのUGCをシェアする機能としても活用できます。

投稿をストーリーズでシェア

投稿をシェアする範囲は「全員」「親しい友達のみ」等、選ぶことができます。

　シェアされた投稿をタップして［投稿を見る］を選択すると、元の投稿に遷移します。

```
■ Point!
　☑ コメント等で質問が来たら対応可能な範囲で返信しよう
　☑ いいねはコミュニケーション、保存は実用目的
　☑ フィード投稿をストーリーズでシェアできる
```

Chapter 2 04 Instagramで買い物ができる！ショッピング機能を導入しよう

Instagramのビジネスアカウントでは、Facebookと連携するとショッピング機能が使えるようになります。Eコマースサイトを持っている場合はInstagram経由でのアクセス増加が期待できるので設定してみましょう。

ショッピング機能とは？

Instagramユーザーがアプリ内で見かけた商品をすぐに購入できるようにする機能です。フィード投稿に商品情報の入った「ショップタグ」を付与したり、プロフィールに商品カタログのようなページを作成し、気になる商品を保存したり、外部のECサイトに移動したりできます。

ショップタグから商品の詳細を確認

投稿をタップすると表示されるショップタグをクリックして詳細を見られる

プロフィールの［ショップを見る］ボタンやアイコンからもショップタグの付いた商品を見ることができます。

プロフィールから商品を見られる

ショップタグの付いた投稿を保存すると、ウィッシュリストに保存されます。

Memo

プロフィールのURLからECサイトに移動した場合はトップページから目当ての商品を探し直さなければなりませんが、ショッピング機能が導入されていれば投稿から外部のECサイトに移動する際、Instagramで見ていた商品のページを直接開くことができます。

ショッピング機能は売上に直結する機能ですので、可能であれば今すぐ利用することをおすすめします。

ショッピング機能を利用するには？

　ショッピング機能を利用するには申請を行い、審査に通ればアカウントにショッピング機能が追加されます。申請に必要なものは次の4つです。

▶ 申請に必要なもの

1、Instagramビジネスアカウント

　ショッピング機能を使うためには、個人アカウントではなくビジネスアカウントにする必要があります。ビジネスアカウントに変更する手順はp.31をご確認ください。

2、Facebookページ

　Facebookの個人アカウントとは別に作成できるページです。ビジネス向けの機能が充実しており、広告を出したりモノを販売することも可能です。Facebookの個人アカウントを持っていれば誰でも作成・利用できます。

Facebookページの例

3、商品カタログ

　Facebookページ内で商品を販売する場合、Facebookのコマースマネ
ジャーから商品カタログを作成します。Facebook側で作成したカタログ
をInstagramに紐づけて利用します。

商品カタログの例

4、ECサイト

　独自ドメインを持つ、企業やブランドのECサイトです。ショッピング
機能が追加されると、Instagramのアプリ内からECサイトの商品ページ
に直接遷移して買い物ができるようになります。

> **Memo**
>
> ドメインとはインターネット上の住所のようなもので、URLやメールアドレスで
> 「www.ドメイン名.com」「ユーザー名＠ドメイン名.com」のように表わされます。
> 例えば、「https://www.hottolink.co.jp/」というURLの場合は「hottolink.co.jp」
> の部分がドメイン名です。

+1 ＼プラスワン／／

ショッピング機能の利用条件

ショッピング機能を利用するには、InstagramやFacebookの規約に沿っている必要があります。ここでは主な条件を紹介しますが、詳しくはコミュニティガイドラインやコマースポリシーをご確認ください。

・所在地

InstagramページやFacebookページの所在地が、ショッピング機能を利用できる国である必要があります。日本国内で利用する場合は問題ありません。

・商品

Instagramショップではアルコール、成人向け商品、栄養補助食品や無形商材（保険や金融商品）等の販売は禁止されています。

・ECサイトが独自ドメインであること

遷移先のECサイトが独自ドメインである必要があります。Amazon等、外部のプラットフォームに出品している場合は審査ではじかれてしまいます。

Instagramコミュニティガイドライン：
https://help.instagram.com/477434105621119

Facebookコマースポリシー：
https://www.facebook.com/policies/commerce

　次ページで申請の流れを簡単に説明します。実際に申請を行う際はECサイトの管理者等と協力しながら進めてください。

▶ ショッピング機能の申請手順

　アカウントのプロフィールページから[設定]→[ビジネス]→[Instagram
ショッピングを設定する]をタップしてInstagramショップの設定画面を
表示します。

［Facebookアカウントをリンク］で紐づけたいFacebookページを選択します。メールアドレスやパスワードを入力してFacebookアカウントにログインすると、そのFacebookアカウントに紐づくFacebookページが選択できます。

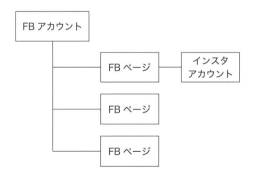

Memo

Facebookページは1つのFacebookアカウントに対して複数作成できます。1つのFacebookページに紐づけられるInstagramアカウントは1つのみです。

2

アカウントを作ってはじめよう

59

Instagramアカウントに紐づけたいFacebookページを選択したら、Facebookページに登録されている商品カタログとECサイトを追加し、審査を申請します。審査にかかる時間は3日から1週間程度で、承認されればアカウントにショッピング機能が追加されます。

プロフィールにショップタブが現れる

　ショッピング機能はInstagram公式が今後注力して伸ばすことを表明しています。今後も仕様が頻繁にアップデートされることが予想されますので、現時点で利用できなかった場合も諦めず、数か月後にあらためてチェックしてみると良いでしょう。

■Point!

☑ Facebookと連携させてショッピング機能を利用しよう

☑ 申請はECサイトの管理者等と協力して行う

☑ ショッピング機能は発展途上、今後も要注目

アカウント運用をサポート！
無料で使えるおすすめツール5選

　Instagramアカウントの運用は継続が重要です。通常業務との両立に悩む方も多いと思いますので、本節では日々の運用を助けてくれる便利なツールを紹介します。

▶ 夜や休日にも自動で投稿

▶ クリエイタースタジオ

　フィードとIGTVの予約投稿ができるFacebookの公式ツールです。Webブラウザ上でクリエイタースタジオを開いて投稿を作成し、日時を指定して公開できます。「月水金の22時に投稿したい」「土日にも投稿したい」といった場合、その都度手動で投稿を作成するのは負担です。クリエイタースタジオでは10分後から2.5か月後の日時を指定して予約投稿ができるため、手の空いたタイミングで投稿をまとめて作成し、少しずつ公開していくことが可能です。

クリエイタースタジオ

［投稿を作成］から［Instagram フィード］か［IGTV］を選び、写真や動画をアップロードしたり、キャプションやハッシュタグ、位置情報を付与します。投稿が作成できたら、［保存して日時を指定］を選択します。

投稿を作成し、公開日時を指定する

予約投稿機能を使えば投稿を忘れてしまうことも防げます。また、アカウントのインサイトデータ (p.101) もクリエイタースタジオ上で確認できます。

インサイトデータ

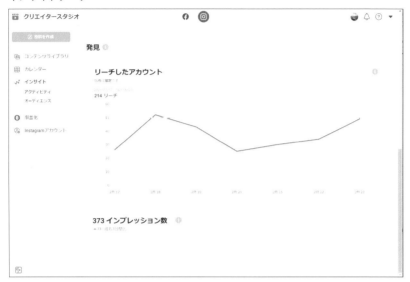

加工ツールで投稿のクオリティを上げる

▶ Snapsheed

　Googleが提供している写真加工アプリです。スマートフォンから簡単に明るさの調整やトリミングができます。

Snapsheed

　Snapsheedではさまざまなフィルターも提供されていますが、使用するフィルターは2、3種類程度に固定すると、アカウントの世界観を保ちやすくなります。

多彩な加工機能

▶ Canva

　画像の上に文字や図形等を配置できるスマートフォンアプリです。フィード投稿に使いやすい正方形やストーリーズ向けの縦型のテンプレートを選択し、誰でも手軽にオシャレな投稿を作成できます。

Canva

Instagram向けのテンプレートが用意されている

▶ fotor

写真を加工したり、コラージュを作成できるアプリです。

fotor

テンプレートを使ってコラージュを作成

▶ The Grid

　写真をInstagramに投稿した後、プロフィールページのグリッドにどの
ように表示されるかをシミュレーションできるアプリです。投稿後のプロ
フィールグリッドの統一感を確認したい時や、複数の投稿をつなげて1枚
の写真のように見せたい時にも便利です。

The Grid

プロフィールの表示をシミュレーション

　ここで紹介した以外にも便利なツールはたくさんあるので、目的や好みに応じて調べてみてください。Instagram販促は長い目で見るものですので、楽しく続けられる方法を見つけましょう。

■Point！
☑ 便利なツールはどんどん使おう
☑ 自分のやりやすい運用方法を見つけよう

目的を定めて
効果的に運用しよう

• • • • • • •

アカウントができたら、投稿をはじめる前に目標や
ターゲットとなる顧客像を明確にしておきましょう。
最初に方針を定めておくと投稿を考える際に役立ちま
すし、長期的にブレないアカウントになります。

アカウントの運用目標を設定しよう

アカウントの準備ができたら、Instagramで発信する目標を設定しましょう。最初にゴールを決めておけば投稿内容にも一貫性が出やすく、方向性が合っているか確認しながら進めていくことができます。

最終的なゴールを設定する

はじめに、Instagramで発信することでどんな効果を期待しているのかを明らかにしておきましょう。多くの場合は「ブランドの魅力を知ってもらい売り上げを増やす」ことが最終目標となるかと思いますが、例えば「既存顧客1人あたりの購入数を増やす」と「これまでとは異なる層の顧客を取り込む」のでは発信する内容や適したアプローチが変わってきます。

最初に大きなゴールを設定し、そこから逆算してマイルストーンを置いていくと考えやすいです。最終目標として「売上を増やす」を掲げたら、それを達成するためには「ブランドの認知度向上」が必要、そのためにはInstagram上でのブランドへの言及数を増加させることが必要、そのためには「フォロワー数増加」が必要、そのためには投稿のリーチを増やす……とブレイクダウンしていきます。「売上を伸ばす」等の大きな目標だけではゴールが遠すぎてどのくらいの期間で何をすれば良いかが見えてこないため、具体的な行動や数字がイメージできるまで細かく落とし込んでいきましょう。

最終目標から逆算して考える

```
売上を伸ばす
    – ブランドの認知度を上げる
        – ブランドへの言及を増やす
            – フォロワー数を増やす
                – 投稿のリーチ数を増やす
                    – そもそもの投稿数を増やす
```

具体的な数値や期間を決める

　最終目標から手近な目標まで出揃ったら、今度は「3ヵ月でフォロワーを50人増やす」「週3回、月12回以上は投稿する」等、できるかぎり具体的な数値目標を設定しましょう。

数値や期間を目標として設定する

```
10月までにEコマースの売上を10%伸ばす
  -Instagram経由のEコマース流入数を○○%増加させる
   -フォロワー数を○○倍にする
    -1投稿当たりのリーチを○○倍にする
     -そもそもの投稿数を増やす
    （投稿を週2回から週3回にする）
                              …………
```

　具体的な目標が決まっていると、あとどのくらい行動すれば達成できるか、運用の方向性が合っているのかをチェックしやすくなります。

数字を見ながら運営方針を調整する

```
投稿：週2回          投稿：週3回
リーチ：月200    ➡   リーチ：月300 ？
```

目標設定に困ったらまずは運用する

　運用をはじめたばかりの時期だと

「どのような指標を設定すればいいのかわからない」

「指標に対してどのくらいの数値を目標に設定すればいいのかわからない」

ということもあるかと思います。そのような場合はまずは数週間実際に投稿をしてみて、反応を見ながら現実感のある目標を決めていくのがおすすめです。

　また、いちど設定した行動目標・数値目標は途中で修正してかまいません。運用を続ける中で「この数値は大きすぎて現実的でない」「週2回投稿では少なすぎるから3回にしてみよう」等、やってみて初めてわかること

もあるので、様子を見ながら柔軟に決めていきましょう。

■Point!
☑ 大きなゴールから逆算する
☑ 具体的な行動目標・数値目標を定める
☑ 目標を決めづらい場合はまず運用してみる
☑ 目標は運用する中で柔軟に更新する

メインターゲットはどんな人？
顧客理解を深めよう

運用する目的や目標が決まったら、次は「誰に向けて発信するか」をイメージしましょう。実際の顧客について知ることで、発信するコンテンツの内容や伝える方法も変わってきます。

実際の顧客を意識して発信する

商品開発や情報発信を行う際は、商品や情報を届ける相手を意識し、その人の需要を満たすにはどうしたら良いかを考えます。

届ける相手が変われば、必要とされる情報や伝え方も変わってきます。誰宛てに書いてるのかわからないで手紙を書くことは難しいですが、「会社の先輩のMさん宛て」ということであれば「こんなことを知りたそうだな」「こんな言い方をしたら喜びそうだな」などアイデアや伝え方のイメージが湧くように、Instagramも同様に相手を意識して発信する内容や言葉遣い、デザイン等を考えると「刺さる」コンテンツになります。

「みんな」ではなく「特定の個人」に向けて発信する

顧客について知る方法は店舗での接客やアンケート等さまざまなものがありますが、Instagram上でできるのは自社の商品名や同じカテゴリのハッシュタグ、@メンション等をしているユーザーがどのような人か、Instagram上でどのような行動をしているのかを細かく観察することです。

　例えば次のようなポイントを見ると良いでしょう。

- プロフィールや投稿内容からどんな人かを推測する
- 過去の投稿内容から趣味、ライフスタイルを調べる
- Instagramをどれくらいアクティブに使っているか
- フォロー/フォロワー情報を見に行き、どのような人に興味を持ってフォローしているのか、どのような人とつながっているのかを理解する

　UGC投稿をしてくれている（してくれそうな）ユーザーが見つかれば、一人ひとりをよく観察して、顧客像をできるかぎり正確に理解しましょう。「ファミリー向けの商品だから子供にも使える安全性をアピールする」「大人向けのブランドだから投稿する写真も高級感が伝わるものにする」等、投稿内容や商品の見せ方の指針となりますし、意外な購買層や企業側が予期せぬ利用シチュエーションを発見できることもあります。複数人のチームでアカウントを運用する場合も、メンバー全員が顧客像を共有することで、誰に向けて発信しているのか共通認識を持ちやすくなります。

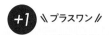

ペルソナ設定

チームで顧客像を共有するために仮想の顧客プロフィールを作成する「ペルソナ設定」という手法を使うこともあります。「誰に対して情報を伝えるのか」を明確にすることで、チームメンバー間で顧客イメージにずれが起きないようにすることができます。年齢や性別、氏名、居住地、ライフスタイルの特徴、価値観、家族構成等、顧客像を明確にするために必要な項目を設定してみましょう。

ペルソナ設定例

氏名：佐藤花子
性別：女性
年齢：26 歳
仕事：Web 制作会社
月収：25 万前後
居住地：神奈川県川崎市
家族：一人暮らし・独身
趣味：ランニング
悩み：髪の乾燥

■Point!

☑ 顧客について理解する
☑ 伝える相手ありきで投稿を作成する
☑ 顧客像は運用の指針として関係者全員で共有する

3

目的を定めて効果的に運用しよう

商品の見せ方を決める
「ブランディング」の方向性

自社の商品やブランドについて、どのようなカテゴリやタイミングで顧客に思い出してもらいたいかを設定しましょう。このブランディング方針により、Instagramに投稿するコンテンツの内容が定まってきます。

自社商品を最初に思い出してもらう

商品が顧客から選ばれるには「手に入る／入らない」「存在を知っている／知らない」「特徴を知っている／知らない」「欲しい／いらない」等、いくつかの条件をクリアする必要があります。そのためには、自社の商品やブランドがさまざまなタイミングで一番に顧客の脳内に思い浮かぶ存在になるようにします。例えば顧客が「プチプラなヘアケア用品が欲しい」と考えた時に、複数のヘアケア用品メーカーの中から自社のブランドが一番に思い出されれば、購入につながる可能性が上がります。顧客の頭の中にある「プチプラなヘアケア用品」という引き出しの中で、自社のブランドが手前の取り出しやすい位置に置くためにブランディングの方向性を決め、その方針に沿ってInstagramを活用します。

複数の選択肢がある中で最初に思い出してもらう

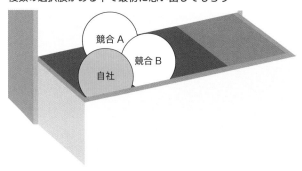

顧客から選ばれる条件

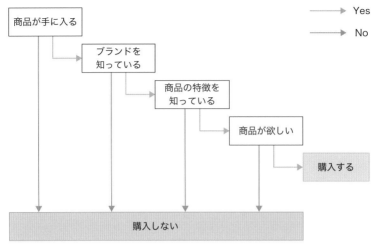

ブランディングの考え方

　さまざまなタイミングで選ばれるブランドになるためには、

1、自社商品と関連する多くのカテゴリの引き出しに入る

2、それぞれの引き出しの中で手前に位置する

の2つの段階があります。

▶ 商品と関連する引き出しを増やす

　はじめに「プチプラなヘアケア用品といえば○○」のように、自社商品を「＊＊といえば○○」と連想してもらえる切り口を増やしていきます。以下に切り口を考える際のヒントとなる例をいくつか挙げていますので、参考にしてみてください。

商品が連想される切り口

■商品を使う目的
　　例：友人知人へちょっとしたお礼やお祝いを示す

■使う場面
　　例：休日のご褒美ランチ

■誰と使うか
　　例：家族と一緒に食事を楽しむ

■どこで使うか
　　例：BBQ で食べる具材

■何と一緒に使うか
　　例：ビールに合う手軽なおつまみ

Memo

顧客について正確に把握できていればいるほど、適切な引き出しを見つけやすくなります。同じソーセージでも顧客が「アウトドア好き」であればBBQのように屋外で食べるシーン、「休日に手の込んだ料理を楽しむ」のであればテーブルウエアにもこだわった落ち着きのある食卓のシーンを見せる等、Instagramで訴求するコンテンツの切り口が変わってきます。

▶ 商品を引き出しの手前に持ってくる

　商品と関連付ける引き出しが決まったら、顧客が引き出しを開けてすぐに見つけられるポジションを狙っていきましょう。カテゴリ内で最初に思い出してもらえれば、購入につながる可能性がグッと上がります。

　そのためには、顧客が生活の中で商品を思い出すフックとなるコンテンツが効果的です。例えば普段使いのソーセージを「BBQの食材」という切り口で打ち出したいのであれば、BBQのシチュエーションで写真や動画を作成したり、外でも簡単にできるレシピを紹介する等の方法が考えられます。BBQシチュエーションでのUGCを増やすため、BBQをテーマにした投稿企画を行ったり、BBQのUGCをピックアップしてストーリーズにリポストしたり等、狙ったカテゴリにフォーカスしてコミュニケーションをするのも良いでしょう。「ユーザーが生活する中で商品やブランドを思い出すタイミングやカテゴリを明確にし、そのカテゴリとブランドの関連を強くする」という気持ちで、Instagramの投稿内容やユーザーとのコミュニケーション方法に落とし込んでいきましょう。

■Point！
☑ ブランディングで商品が選ばれる機会を増やす
☑ 顧客が商品を連想する「引き出し」を増やす
☑ 複数の候補から自社商品を選んでもらう工夫
☑ 顧客が生活の中で商品を思い出すフックを作る

3

目的を定めて効果的に運用しよう

Chapter 3
04 投稿の内容や頻度を決めよう

これまでに決めたアカウントの運用目標、ターゲットとなるユーザー、ブランディングの切り口を踏まえて、実際にどのような投稿をしていくかを整理しましょう。

事前に投稿内容やスケジュールを決めておくことで、当日に焦って投稿を考えずに済みます。あらかじめ準備した投稿はクリエイタースタジオ (p.62) で予約しておけば、投稿忘れを防ぐことができます。

メインで伝える情報は何か

アカウントの目標、ターゲット層、ブランディングの方向性をヒントに、主にどのような情報を発信するかを決めておきます。

例えば新しい顧客を獲得したい場合はUGC等からターゲットとなるユーザーへの理解を深め、それをもとに伝える内容や見せ方を決めていきます。

顧客の購買検討度合いごとにコンテンツを考える例

> ・商品やブランドの存在を知らない
>   →商品に関するお役立ち情報を発信する
>
> ・競合製品と比べて迷っている
>   →他社製品との違いや独自のこだわりを見せる
>
> ・どの商品を買うか迷っている
>   →自社商品の複数のラインナップの中から目的別の選
>   び方を伝える

ブランディング方針から検討する例

> ・手軽なおつまみとして
>   →5分程度でできる簡単なレシピを紹介する
>
> ・お弁当の具材として
>   →商品に合うおかずや盛り付けのアイデアを紹介する
>
> ・頑張った日のご褒美として
>   →写真に写り込む食器やテーブルウエアにもこだわり
>   高級感や上質な時間を演出する

同じ商品でもどこを見せるか、誰に見せるかによって投稿の作り方はさまざまです。顧客の状況やブランディング方針等で切り口を考えることで適切な投稿アイデアを生み出しやすくなります。

フォロワーに提供する価値を考える

「フォロワーに提供する価値が何か」という観点も投稿を作成するヒントになります。アカウントのプロフィール作成の節でも触れたように(p.32)、「アカウントを通してどのような価値をフォロワーに提供するのか」を明確にし、その価値を提供できるコンテンツを一貫して発信することを心がけましょう。

例えば、既存顧客にとっては

- **新商品や期間限定商品の情報がいち早く手に入る**
- **商品がカテゴリや目的別に整理されていて、自分にぴったりの商品を見つけることができる**
- **オンラインクーポンをもらえる**

といったことは大きな価値になります。

商品のカテゴリが複数ある場合は「まとめ機能」を使ってプロフィールにまとめを作成し、ユーザーが商品を見つけやすくするのもおすすめです。

まとめ機能

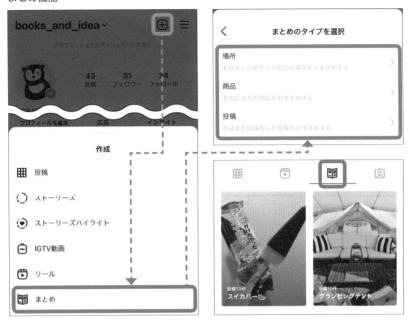

　まとめ機能は2020年に追加された新機能で、「場所」「商品」「投稿」の3軸でまとめることが可能です。ブランド別、エリア別、利用シチュエーション別、ユーザーの悩み別等の切り口で情報を整理しておくことで、プロフィールを訪れたユーザーがすぐに求める情報にアクセスできるようにしておきましょう。作成したまとめはストーリーズにシェアすることもできます。

　また、既存顧客だけでなくまだブランドを知らない潜在顧客層に向けて発信する場合は、

- トレンドのコーディネートがわかる
- 美味しくて簡単なレシピを知ることができる

等、商品やブランドと関連したジャンルのお役立ち情報を得られることも価値となりえます。

商品を絡めたお役立ち情報を提供する

3

目的を定めて効果的に運用しよう

　こちらが発信したい情報を一方的に伝えるのではなく、「この情報は誰にとってどんな価値があるか」を考えながらコンテンツを作成することで、おのずとフォローして継続的に閲覧する価値のあるアカウントに仕上げることができます。

投稿頻度やスケジュール

　投稿頻度も重要なポイントです。

　投稿数が少なすぎると見られる機会が減りますし、あまりに投稿頻度が高くてもフォロワーに嫌がられてフォローを解除されてしまう可能性もあります。

　商品のラインナップ数や、どのようなコンテンツを発信するかによって適切な投稿頻度は異なってきます。

　商品のラインナップが少ないブランドの場合、1日に何度も同じ商品の写真を投稿していたら飽きられてしまうかもしれませんが、レシピ等のお役立ち情報であれば1日に複数回投稿しても喜んでもらえる可能性があります。

　また、投稿の曜日や時間帯についても顧客像がはっきりしていると考えやすいです。顧客の多くが会社員であれば帰宅後の時間帯、お昼休み、通勤時間帯が狙い目ですが、小さな子供を持つ親であれば子供を預けられる日中のほうが見てもらえる可能性が高いかもしれません。

はじめてから日が浅くインサイトデータ (p.101) が使えないうちは実際に投稿しながらフォロワーの反応率が良い時間帯を手探りで調べる必要がありますが、顧客像をしっかり理解していればライフスタイルから投稿を見てくれそうな時間帯を逆算して考えやすいです。

メインの顧客層をヒントにスケジュールを作る例

会社員
　→ 退勤後の時間やお昼休み、通勤時間を狙う

小さな子供を持つ親
　→ 子供を幼稚園や保育園に預けられる日中に投稿

　インサイトデータが見られるようになったら、投稿頻度によるリーチ数の変化や、フォロワーの離脱率も確認しながら、無理なく運用できる範囲で適切な投稿頻度を見極めて調整していきましょう。

■ Point !
- ☑ アカウントの目的、メインの顧客層、ブランディングから運用方針を決める
- ☑ アカウントを通して提供する価値が何かを明確にする
- ☑ 投稿内容やペルソナをヒントに投稿スケジュールを考える

フォロワーを増やす
アカウント運用術

・ ・ ・ ・ ・ ・ ・

時間帯やハッシュタグを工夫して投稿をたくさんの人
に届けたり、フォロワーとコミュニケーションを取っ
て親密度を高める等、結果につながりやすくする施策
を紹介します。

フォロワーが増える仕組みを知ろう

InstagramでUGCがUGCを呼ぶ好循環を生むためには、UGC投稿をしてくれる可能性が高い良質なフォロワー基盤を作ることが重要です。本章では多くの人に見てもらえるアカウントに育てるためのテクニックを紹介します。はじめに大きな流れを見ていきましょう。

アカウントの育成には大きく分けて「**新規のリーチ（投稿を見てもらうこと）を増やす**」と「**フォロワーとの親密度を上げる**」の2段階があります。

フォロワーを増やす作戦は2段階

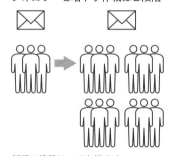

新規の投稿リーチを増やす

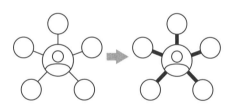

フォロワーとの親密度を上げる

最初はフィードやリール等、フォロワー外のユーザーに見てもらいやすい投稿フォーマットを用いて新規のリーチを増やすことに重点を置きましょう。目安ではありますが、フォロワーが数千人等、一定数を超えてきて、なおかつ運営担当者に余力があればストーリーズやライブ配信等でフォロワーとコミュニケーションを取り親密度を上げることも考えてみてください。

①投稿の新規リーチを増やす

　新規のリーチを増やすには、ハッシュタグ検索の上位や発見タブのおすすめ等、フォロワー以外のユーザーにも見てもらえる場所に自分の投稿が表示されるように工夫する必要があります。

　ハッシュタグ検索の上位や発見タブのおすすめに表示される投稿はさまざまな要素から複合的に決定されますが、基本的にはいいねや保存、コメント等のポジティブなリアクションを多くもらえると表示される確率が高まります。どのような写真やコンテンツ、デザインにすればより多くのポジティブなリアクションをもらえるのかを実際に投稿しながら改善のサイクルを回してみてください。また、多くのユーザーに見られるためには適切なハッシュタグ選定もポイントになります（ハッシュタグについてはp.95で紹介しています）。

　こうした改善作業は地道なものですし、運用をはじめたばかりの時期は投稿への反応が少なくてやりがいを感じられないかもしれませんが、コツコツと運用と改善を続けていくことで少しずつ新規ユーザーへのリーチ数が増え、その結果フォロワー数が増え、投稿へのエンゲージメントが増え、さらに新規ユーザーへのリーチが増える……といった良い循環が生まれていくので、ぜひ継続してみてください。

最初は継続あるのみ！

フォロワー増

売上アップ

わかりやすい成果が出るまでには
半年〜1年程度はかかる

② フォロワーとの親密度を上げる

　運用を続けてフォロワーが増えてきたら、フォロワーとの関係を深めていくのが鍵になります。Instagramではメッセージのやり取りをする等、交流のある相手の投稿が優先的に上部に表示されるため、ストーリーズやライブも活用してフォロワーと交流して親密度を上げていきましょう。親密度を上げるための具体的な施策は6章で説明します。

▶ 投稿の表示順を決める3要素

　Instagramでの表示順を決めている要素は次の3つです。

1、Interest（興味・関心）

　アカウントや投稿内容への関心の高さを推測し、「関心が高い」と見なしたコンテンツを優先的に表示します。例えば、普段キャンプに関する投稿をよく見ている人の場合、発見タブ上でキャンプの投稿が上位に来るようになります。

2、Relationship（親密度）

　フォロー・フォロワー間の親密度を計算し、より関係が強いユーザーの投稿を上位に表示します。AさんはBさんよりもCさんと交流頻度が高いから、AさんのタイムラインにはCさんの投稿を優先表示しよう、と判定されます。

3、Timeliness（新しさ）

　新鮮なコンテンツが優先的に表示されます。ほかの要素も関わるため完全な時系列にはなりませんが、3日前の投稿よりも3分前の投稿が上位に表示されやすくなります。

投稿の表示順を決める3要素

Interest　　　Relationship　　　Timeliness
（興味・関心）　（関係性）　　　（新しさ）

　フォロワーとの関係が深いほど、フィード等のタイムラインに表示される投稿は上部に、ストーリーズであれば左側に表示される仕組みです。優先表示されるほど見やすい位置に来るため、投稿を見てもらえる確率が上がります。

▶ フォロワーとの親密度を上げて新規リーチを伸ばす

　フォロワーとの親密度が上がるとフォロワーに対するリーチ率が上がり、それに伴っていいねや保存といったポジティブなリアクションも増加します。その結果ハッシュタグ検索の上位や発見タブのおすすめに表示される確率が高まり、新規のユーザーに対するリーチも増えることになります。するとフォロワー以外のユーザーが新たにフォローしてくれる可能性も上がり、フォロワーが増えていきます。フォロワーが増えると投稿へのリアクションも増加するため、新規ユーザーへリーチするチャンスも増えるという好循環が発生します。

フォロワーが増える流れ

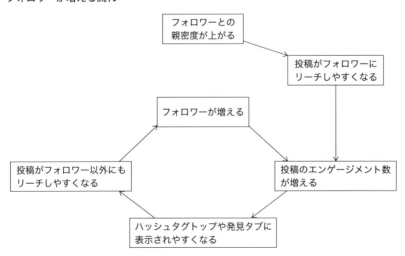

Memo

投稿へのリアクションの数はハッシュタグ検索や発見タブでの表示順を決める要素の一部分です。ハッシュタグ検索の攻略はp.95を参照してください。

▶ フォロワーとのコミュニケーションを大事にしよう

　運用初期でフォロワーがあまりいない段階ではフォロワーとのコミュニケーション施策のインパクトはあまりありませんが、フォロワーが増えてくると、フォロワーとの関係性の強さが大きな差となって現れてきます。

　例えば「今までは投稿してもフォロワー1万人のうち10％の1000にしか届かなかった状態から、親密度が高くなることで50％の5000人に届くようになる」ということが起こりうるのです。

　Instagramのアルゴリズムがどうこうという話しではなく、純粋にお客様ひとりひとりと良い関係を築いていくという気持ちで日々の運用を継続していくことが大事です。

+1 ＼プラスワン／

フィードとリールを優先的に投稿しよう

Instagramの投稿の中でも、ストーリーズとライブは新規のフォロワーを呼び込むよりも既存のフォロワーとのコミュニケーションに強い機能です。

　一方、フィードやリールはフォロワー以外にも見られやすい投稿方法です。新規のユーザーを取り込むことでアカウントを成長させる目的においてはフィードやリールを中心に使うことをおすすめします。

■Point!
- ☑ 投稿を積み重ねてアカウントを育てよう
- ☑ フォロワー数だけでなく、関係性も意識しよう
- ☑ 最初は継続あるのみ！

フォロワーを増やす運用テクニック①
最適な投稿頻度はどのくらい？

アカウントを運用する中で、「自分のアカウントの投稿頻度が多すぎるのか少なすぎるのか、最適な頻度がわからない」という方も多いのではないでしょうか。本節ではおすすめの投稿頻度と、更新のペースを保つ方法を紹介します。

● できれば1日1回、最低でも週2回は更新しよう

扱う商品の種類にもよりますが、基本的には毎日更新するのが望ましいです。単純に投稿した分だけ見られるチャンスが増えますし、今も動いているアカウントであることが伝わります。また、p.88でお伝えしたようにInstagramでは新しい投稿が優先表示されるため、更新頻度を上げることで優先表示されやすい投稿を安定して供給できると効果的です。

とはいえ「扱う商品の種類が少なくてバリエーションを考えるのが難しい」「通常業務の合間に更新しているので、そこまで手が回らない」というケースも多いと思います。アカウントを育てたいけれども毎日は難しい場合は、「週2回の更新を目指す」といった目標を設定するのも良いでしょう。また、扱う商品のバリエーションが多かったり、役に立つ情報のストックが十分にあるのであれば、1日に3投稿くらいまで頻度を上げてもフォロワーに嫌がられにくく、アカウント全体のリーチも伸びやすくなるケースもあります。

Instagramの投稿はプロフィールに蓄積されて企業やブランドのイメージや世界観を伝えるものなので、クオリティも求められます。更新頻度を上げるために質が下がってしまうと本末転倒ですので、バランスを取りながら続けていきましょう。

Memo

同じジャンルの商品を扱っている競合他社のアカウントや自分の好きなアカウントがあれば、どのような運用をしているか観察してみましょう。投稿頻度や内容、使っているハッシュタグ等、参考になる要素が見つかるはずです。

ツールを使って忘れずに更新

　安定したペースで発信するには、事前に数週間分の投稿を作成して予約投稿ツール「クリエイタースタジオ」(p.62) にセットしておくのがおすすめです。忘れず更新できますし、夜間や休日に作業する必要もなくなります。

　一人で運用している場合はクリエイタースタジオの予約投稿画面で直に作成しても良いですし、複数人のチームで運営しているのであれば、例えば次のような投稿管理シートを作成して状況を共有しても良いでしょう。

投稿予定をスプレッドシートで共有

Memo

投稿管理シートにはステータス (投稿済み、予約済み等)、投稿日、画像、キャプションやハッシュタグ等の項目を入れておくとわかりやすいです。

■Point！

☑ 毎日投稿できればベスト

☑ 難しければ週2回の更新を目指そう

☑ 投稿はまとめて作成し、予約投稿ツールにセットする

フォロワーを増やす運用テクニック②
何時に投稿するのが効果的？

同じ投稿でも、Instagramを見ているユーザーが多い時間帯に公開すると リーチが伸びやすくなり、ハッシュタグトップや発見タブのおすすめに表示される確率が高まります。作成した投稿をたくさんのユーザーに見てもらえるよう、投稿時間も工夫しましょう。

▶ 迷ったら21時に公開する

▶ Instagramを見ている人が多いタイミングを狙う

一般的には、Instagramのアクティブユーザーが最も多い時間帯は夜の21時です。多くのユーザーがInstagramを見ているのは、会社や学校から帰宅して夕食を取り、寝る前にちょっとひと息……というタイミングです。

商品が欲しくなるタイミング（飲食店であればランチタイム、コスメ用品であれば朝晩のお手入れ時等）や生活リズムは対象顧客層によりさまざまですが、リラックスしてSNSを開く時間帯は老若男女問わず似通ってくるため、困ったらアクティブユーザーが多い21時から試してみましょう。

Memo

他にアクティブユーザーが多い時間帯としては昼休みの12時や朝晩の通勤時間帯、帰宅直後の18時……等も挙げられます。時間をずらして投稿し、反応を比べてみるのもおすすめです。

▶ フォロワーが100人以上いる場合は「インサイト」を確認

ビジネスアカウントでフォロワーが100人以上になると、プロフィールの［インサイト］→［オーディエンス］からフォロワーの内訳を見られるようになります。曜日ごとの3時間おきのアクティブユーザー数を確認できます。

インサイトからフォロワーの活動時間帯が見られる

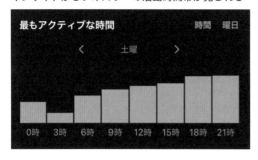

　インサイトが利用できるのであれば、アクティブなフォロワーが多い時間帯を狙って投稿しましょう。

投稿内容によって日時を調整する

　商品の種類を問わずInstagramに最も人が集まる21時を狙うのは定石ですが、投稿の内容によっては別のタイミングのほうが効果的なこともあります。例えば、朝食レシピを発信するのであれば前日の夜や早朝等、朝ごはんの支度をする前の時間を狙って投稿すると「さっそく作ってみよう」と保存してもらいやすくなります。手軽に作れるおつまみのレシピであれば平日夜、手の込んだ料理であれば土日に投稿する等、ユーザーの生活を意識して公開のタイミングを決めると反応をもらいやすくなります。

▶ 過去の投稿データから分析する

　投稿が蓄積されてくると、過去の投稿も参考にできます。さまざまな曜日や時間帯に投稿した実績があると、「金曜日の22時が特に反応が多い」等、投稿に適したタイミングが見えてきます。

■Point!
- ☑ Instagramのアクティブユーザーが多いのは21時
- ☑ フォロワーが100人以上いればインサイトデータを参照できる
- ☑ 投稿に対する需要が高い時間帯を考えよう

Chapter 4 04 フォロワーを増やす運用テクニック③ ハッシュタグを使いこなそう

投稿がハッシュタグ検索や発見タブの上位に表示されると、フォロワー以外にも投稿が見られたり、プロフィールを訪れてもらうチャンスです。本節ではハッシュタグの選び方をお伝えします。

関連性の高いハッシュタグをなるべく多く付けよう

フィード投稿やリールのキャプション部分には、キーワードの先頭に半角シャープ(#)を付けた「ハッシュタグ」を30個まで付与できます。

ハッシュタグ検索結果や発見タブに表示される等、ハッシュタグはフォロワー以外に見てもらうフックとなります。投稿内容と関連性の高いハッシュタグが見つかれば、30個目いっぱい付けることをおすすめします。一方で、関連性の低いハッシュタグを無理に付けてしまうと悪質なスパム投稿と認識されてリーチが伸びなくなる可能性もあるため気を付けましょう。

キャプション部分は折りたたまれている

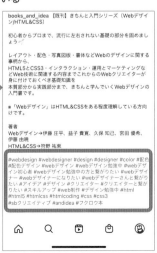

● ハッシュタグの選び方

▷ 関連するハッシュタグと投稿数を調べる

　ハッシュタグ検索画面でキーワードを入力すると、そのハッシュタグの投稿数や関連するキーワードを確認できます。

ハッシュタグの投稿数と関連キーワードを確認

　日頃からアカウントで発信しているテーマや個別の投稿に関連するキーワードを思いつくものから入力して調べてみましょう。使えそうなものはハッシュタグ名や投稿数をスプレッドシート等にまとめておくと、後から参照しやすくなるのでおすすめです。

使えそうなキーワードをリストアップ

ハッシュタグ	投稿数	カテゴリ	関連性
#おうちカフェ	5254000	汎用的	☑
#ヘルシー	1349000	汎用的	☑
#リフレッシュ	995000	汎用的	☑
#ドリンク	424000	汎用的	☑
#飲み物	178000	汎用的	☑
#くつろぎ	112000	汎用的	☑
#フルーツカクテル	88000	投稿ごと	☑
#酢	72000	汎用的	☑

ハッシュタグを探す際には、自社商品の潜在顧客がどのようなハッシュタグで検索するかを考えましょう。次のように切り口をいくつか用意すると思いつきやすいです。

- **物**
- **シチュエーション**
- **場所**
- **コミュニティ**

例えばキャンプグッズを販売しているブランドであれば、下記のようなハッシュタグが考えられるでしょう。

物	#テント
シチュエーション	#キャンプ、#焚き火、#ソロキャンプ
場所	#○○キャンプ場
コミュニティ	#キャンプ初心者、#キャンプ好き

▶ ハッシュタグ検索の上位投稿からユーザーのニーズを見る

ハッシュタグは実際に検索し、どのような投稿が上位に表示されているかを確認しましょう。例えば「ピュアウォーター」という製品の投稿でハッシュタグ「#ピュア」を使うのは一見問題なさそうですが、「#ピュア」で検索すると子供や動物、アイドル等に関する投稿が上位に出てきます。上位に表示されるということはそのキーワードで検索したユーザーの意図と合っていることを意味するため、「#ピュア」で検索したユーザーは子供や動物等の投稿を見たくて検索しているとわかります。この場合、製品名と絡んでいるとはいえ「#ピュア」のトップ投稿に表示できる可能性は低そうですし、もし上位に入っても検索ユーザーのニーズと一致しないため、好意的な反応をもらえないことが推測できます。

また、発見タブの「**旬の話題**」を狙ってみるのもおすすめです。

「旬の話題」には現在トレンドになっている（投稿数や検索数が一時的に急増している）ハッシュタグが掲載されています。Instagramのタイムラインや発見タブはユーザーごとにパーソナライズされた空間ですが、「旬の話題」タブは日本の全ユーザーが同じ内容を見ています。そのため掲載ハッシュタグは非常に多くのユーザーに閲覧されている可能性が高いで

す。

自社商品と関連性があるハッシュタグが旬の話題に掲載されている場合、投稿に該当ハッシュタグをつけて、トップ掲載させることができれば、非常に多くの流入を獲得することができます。

上位の投稿をチェックする

Memo

上位の投稿からはそのハッシュタグにおいて検索ユーザーに求められているテイストがわかります。構図や色調等、参考にできるところは自分の投稿にも取り入れてみましょう。

▶ ハッシュタグの種類

投稿に付与するハッシュタグは「一般ワード」「自社ブランドワード」「コミュニティ系」「意味のないもの」等があります。

一般ワードは「食器」や「キャンプ」等の一般的なカテゴリ名などを指しています。自社ブランドの潜在顧客層が検索する一般ワードを見極めて付与することで適切なユーザーにリーチすることができます。

自社ブランドワードは商品名やブランド名をハッシュタグにしたものです。ユーザーのUGC投稿を活用したり、エゴサーチ（自分のアカウント名や商品名で検索すること）で評判をチェックする際に便利です。また、商品に関する情報を集めているユーザーにとっても有益です。

コミュニティ系のハッシュタグは対象顧客像を表すことが多いです。「旅行好き」「暮らしを楽しむ」のようなハッシュタグを入れることで、関

心の高いコミュニティ、クラスタに投稿が届くことがあります。

　最後の「意味のないもの」はオマケです。検索されやすくなる、コミュニティで楽しむといった効果はありませんが、「＃ウケる」等の感想や心の声を入れるといった遊び目的で付けられるようなハッシュタグも存在します。

ハッシュタグ例

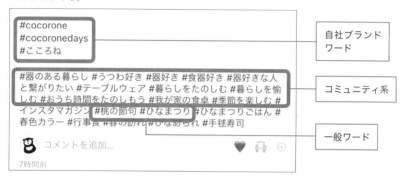

▶ ハッシュタグの規模

　ハッシュタグは種類や投稿数の異なるものを組み合わせて使いましょう。一般ワードや何十万、何百万件と投稿されているハッシュタグは検索する人も多い反面ライバルも多いです。アカウント基盤が小さくエンゲージメント数が少ない段階では、小規模なハッシュタグも加えて上位表示できるか検証してみましょう。

　また、投稿件数が多いものの「検索されにくい」ハッシュタグもあるため注意が必要です。例えば「○○さんと繋がりたい」「○○女子」のようなハッシュタグはInstagram上でよく見られますが、これらは投稿するユーザーが仲間意識を感じて楽しむために使うケースが多く、ハッシュタグ検索で情報収集を行うユーザーにはあまり需要がありません。とはいえ投稿内容と関連があれば悪い影響はないため、ハッシュタグの枠が余ったら入れてみても良いでしょう。

+1 ＼プラスワン／

上位表示の条件

ハッシュタグ検索や発見タブの表示順は投稿に対するエンゲージメントに影響されますが、他にも「投稿元のアカウントが日頃どんな発信をしているか」も関わってくる可能性があります。

　これは実際にあった例ですが、ある時「#ソーセージ」で投稿を検索すると、上位に全く関連のない怪獣のキャラクターの投稿が表示されました。写真もソーセージどころか食べ物ですらありません。不思議に思いプロフィールを見てみると、このアカウントはソーセージ屋さんのアカウントで、普段から#ソーセージを使ってソーセージについて発信を続けていたのです。アルゴリズムの細かい仕様は公開されていないため憶測を含みますが、日頃から特定のテーマについて発信していると「該当ハッシュタグと関連性の高いアカウント」と見なされ、そのテーマで上位に表示されやすくなると考えられます。

　上位表示を狙うには、アカウントで発信する内容やハッシュタグに一貫したテーマ性を持たせるのがポイントです。「アパレル」「食品」「インテリア」等、扱う商品のジャンルが多岐にわたる場合はアカウントを分けたほうが良い場合もあるでしょう。

■ Point!

- ☑ 投稿内容と関連するハッシュタグをできるかぎり多く付ける
- ☑ よく使うハッシュタグをまとめておくと便利
- ☑ 投稿内容と関連のあるハッシュタグかどうかをチェックする
- ☑ ハッシュタグの検索意図を確認する
- ☑ ハッシュタグは規模や目的の異なるものを組み合わせて使う

Chapter 4

05

ビジネスアカウントの強い味方
インサイトの見どころポイント

ビジネスアカウントではアカウントや投稿のインサイトを見ることができ
ます。投稿単位でリーチ数やユーザーの動きを確認できるため、投稿内容や
タイミング等を検証するのに大いに役立ちます。

▶ インサイトの使い方

インサイトはInstagramが提供する無料の解析機能です。フィードやス
トーリーズ投稿に対する反応やユーザーの流入経路等、さまざまな情報を
確認できます。インサイトはアカウントに関するものと、個別の投稿に関
するものの2種類があります。

▶ アカウント単位のインサイト

アカウントのインサイトはプロフィールのボタンやメニューから表示で
き、フォロワーの増減やプロフィール訪問数、投稿のリーチ数等がわかり
ます。

プロフィールからアカウントのインサイトを表示

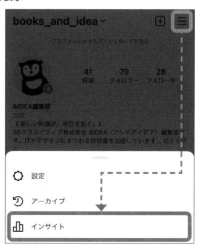

4

フォロワーを増やすアカウント運用術

ユーザーの反応や行動を見ることができる

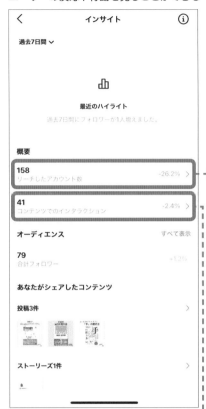

Memo

インサイトの表示期間は「過去7日間」と「過去30日間」を切り替えられます。

Memo

過去7日間のリーチしたアカウントのグラフをタップすると、曜日ごとの数が表示されます。

「オーディエンス」ではフォロワーの活動時間帯や年齢、性別等の詳細を見ることができます。フォロワーが100人以上になると使えるようになります。

オーディエンス

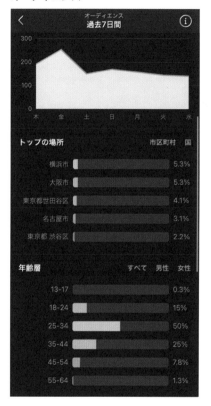

Memo

オーディエンスが使えるようになると、意図した層がフォロワーになってくれているかを確認できます。フォロワーの属性を見ながら投稿内容や時間帯を調整し、運営の精度を上げていきましょう。

▶ 投稿単位のインサイト

　インサイトは個別の投稿単位でも確認できます。ビジネスアカウントでは投稿した写真や動画の下に［インサイトを見る］という文字が表示されていて、これをタップするとその投稿に対する反応やユーザーの流入経路が表示されます。

投稿単位のインサイト

1 いいね

　どのユーザーが「いいね」したかを確認できます。そのため投稿を気に入った時のほか、「見ました」等の簡単なコミュニケーション目的で使われることもあります。

2 コメント

　投稿に対する感想や質問です。投稿元のアカウントによる返信もカウントされます。

3 シェア

投稿がストーリーズやダイレクトメッセージでシェアされた件数です。フォロワー以外に投稿が見られるチャンスです。シェアされた投稿をきっかけにユーザー同士の会話がはじまり、商品の認知度や購買意欲が高まることも期待できます。

> **Memo**
>
> ユーザー間のダイレクトメッセージ等の数字に表れないやり取りを「ダークソーシャル」と呼びます。シェアされた先でどのような会話がされたかを確認することはできませんが、友人同士のダイレクトメッセージのようなプライベートな場面でブランドや商品が話題になることはマーケティングの観点上とても大切です。

4 保存

投稿を後から見返すための機能です。いいねと異なり「誰が保存したか」は通知されないため、コミュニケーション目的ではなく「役に立つ投稿を後でじっくり見たい」「購入を考えている商品を検討したい」等、自分のために使われます。

保存数が多い投稿はInstagramのアルゴリズムから「有益な投稿」と見なされ、ハッシュタグ検索や発見タブに表示されやすくなります。

5 インタラクション数

投稿を見たユーザーがアカウントのプロフィールを訪れる、プロフィール上のウェブサイトリンクをタップする等のアクションを起こした数です。

6 リーチ

投稿を見たユーザーの数です。アカウント単位で計測するため、同じ人が3回見た場合も「1」とカウントされます。

7 インプレッション数

投稿が表示された（見られた）回数です。同じ人が3回見ると「3」とカウントされます。

4

フォロワーを増やすアカウント運用術

「リーチ」では投稿を見たユーザーのうち、フォロワーでない人が何%かを確認できます。

リーチしたユーザーの内訳

発見 ⓘ	
73	
リーチしたアカウント	
books_and_ideaをフォローしていない人は60%でした	
フォロー	1
リーチ	73

上の例ではリーチしたユーザー73のうち、フォロワーでない人は60%なので約44人、フォロワーは約29人です。このアカウントのフォロワーが100人であれば、フォロワーの約30%に投稿が見られているとわかります。フォロワーに対するリーチ率が高ければフォロワーとの親密度が高い、投稿内容に興味があるユーザーにフォローされている、投稿のタイミングがフォロワーがInstagramを見ている時間帯と合っている……等が考えられます。

「インプレッション数」では投稿への流入経路(投稿がどこでユーザーに見られたか)がわかります。

ユーザーが投稿を目にした場所

インプレッション数	89
ホーム	36
ハッシュタグ	36
発見	10
その他	7

インプレッション数は「ホーム」「プロフィール」「発見」「ハッシュタグ」「地域」の5区分から流入の多い上位3つと「その他」の数値を確認することが可能です。「ホーム」はタイムラインの表示ですのでフォロワーに見られた回数と考えて良いでしょう。発見タブ、ハッシュタグ検索、位置情報を利用したスポット検索からの流入数には、フォロワー以外のユーザーが占める割合が高いでしょう。「その他」については公式の発表がないため

憶測になりますが、上位3つに表示されている以外の流入経路に加え、ストーリーズやダイレクトメッセージでシェアされた先でのリーチ数、保存された投稿を見た回数、外部に貼られた投稿へのリンクからの流入等が含まれていると予想されます。

Memo

投稿ごとのインサイトを見比べてみると「保存数が多いと発見タブ経由のインプレッションが伸びる」「特定のハッシュタグを付けるとハッシュタグ検索からの流入が増える」等の傾向がつかめることがあります。ほかと比べて反応が良かったり、逆にあまり見られていない投稿があれば、投稿内容とインサイトを見ながら理由を分析してみましょう。

+1 ＼プラスワン／

ストーリーズのインサイト

ストーリーズの投稿もインサイトを確認できます。左下の「〇人が既読」をタップ、あるいは上にスワイプアップすると、ストーリーズを見たユーザーの一覧やリアクションが表示されます。アンケートスタンプを使用した場合は、個々のユーザーの回答も見ることができます。

■Point!

- ☑ ビジネスアカウントではインサイトデータを利用できる
- ☑ アカウント、投稿への反応を確認できる
- ☑ フォロワーが100人以上ならフォロワーの属性がわかる

ネタ切れの悩みを軽減する 4種類の投稿パターン

　定期的に投稿を続ける中で、多くの方が直面するのがネタ切れです。本節ではアイデア出しの参考に、投稿内容のパターンを紹介します。

　個人のInstagramアカウントであれば気が向いたときに好きなものを投稿するので問題ありませんが、販促目的の場合は「商品に関する情報」を「定期的」に投稿するため、投稿内容を考えるのが苦しくなりがちです。ここではビジネスアカウントで活用できる投稿のパターンを紹介していますので、使えそうなものがあれば取り入れてみてください。

①商品・ブランドの紹介

　ビジネスアカウントの王道と言える投稿です。余分な要素を入れずに商品にスポットを当てたアイキャッチ画像を基本とし、複数枚の画像をカルーセルで見せる場合は商品を使用しているシーンが浮かぶもの、商品の魅力を裏付ける技術的な話などを加えても良いでしょう。

商品紹介例

　1枚目の画像はハッシュタグ検索や発見タブで小さく表示されても内容が伝わるようシンプルに作るのがおすすめです。また、ショッピング機能申請が通っているのであれば、Instagramショップに遷移できるようにショップタグを付与しましょう。

②告知・インフォメーション

　新商品、セール、ライブ等の告知投稿です。みなさまも新商品の予告から発売予定日が近付くにつれて商品のシルエットや中身を一部見せる等、情報が小出しにされるのを目にしたことはないでしょうか。また、セールやイベント、ライブ等の情報発信もよく見られます。「本日18時よりライブ配信」のように確実にその時間に見てほしい場合は、ストーリーズでカウントダウンスタンプを用いると便利です。

告知系の投稿例

Memo

新商品の紹介であれば「新商品であること」と「入手できる場所」を明記しましょう。

Memo

期間限定セールやライブの告知はカウントダウンスタンプを使えるストーリーズとも相性が良いです。24時間で消えるためフィードが告知で埋まってしまうことも防げます。

③お役立ち情報

　商品の選び方、使い方、レシピ、コーディネート等の投稿です。
　商品のラインナップが複数ある場合、商品ごとの特徴やどのような人に向いているのか、といった情報をまとめて発信することで、購入を検討しているユーザーの後押しになります。また、ヘアケア用品のメーカーがドライヤーのhow toを説明したり、クレジットカード会社のアカウントで

お金にまつわる豆知識を発信する等、有益な投稿でまだ商品に興味を持っ
ていない潜在顧客層に興味を持ってもらうきっかけになります。

お役立ち情報の例

Memo

フォロワーを増やすことを目的に商品やブランドとあまり関係のないお役立ち情
報を投稿するアカウントも多いですが、フォロワーを増やすことはあくまでも「商
品やブランドの認知を高める」ための手段です。潜在顧客層に向けたお役立ちコン
テンツを作る際は特に「商品やブランドの認知につながるか」という観点を見失わ
ないようにしましょう。

④季節イベント系

　季節の行事や毎年恒例のイベントに絡めた投稿です。クリスマスやお正
月にちなんだレシピを紹介したり、ハロウィンに合わせて自社商品ででき
るヘアアレンジやメイクを提案する等、商品とイベントを掛け合わせて考
えてみると新しい切り口が見つかるかもしれません。

イベントに絡めた投稿例

+1 ＼＼ プラスワン ／／

「中の人」が目立つアカウントは難しい？

「ビジネスアカウントの運用」と聞いて企業公式でありながらユニークな投稿で人気を博すアカウントを連想する方もいるかもしれません。運用担当者、いわゆる「中の人」のキャラクターを感じられるアカウントは親近感があり魅力的ですが、担当者の手腕に依存し、狙って再現することが難しいためあまりおすすめはしません。担当者が途中で変わることもありますので、個人のセンスに左右される部分は小さいほうがやりやすいです。

　ただ、個人経営の飲食店や美容師のように、人物自体がブランドの核である場合は個性を見せる運営もアリです。

■Point！

☑ 4つのパターンをヒントに投稿内容を考えてみよう
☑ 投稿には必ず商品を絡める

炎上を防ぐ
アカウント運用の注意点

アカウント運用を行う上で気になるのが「炎上」のリスクです。とはいえ、炎上は理由なく起こるものではないため、注意点を押さえておけば大部分は回避できます。

「炎上」は予防できるもの

一般的には、短期間で否定的な投稿やコメントが集まったり、拡散される状態を指して「炎上」といいます。Instagramはシェア機能が限定的で拡散性が低いSNSですが、投稿のスクリーンショットやURLがTwitter等他のSNSで拡散されて一気に広まることもあります。

炎上により投稿に否定的なコメントが殺到することで、Instagramのアルゴリズムに「コメントが多い＝注目されている投稿」と認識されて発見タブやハッシュタグ検索のトップに表示されてさらなる炎上を招く……という悪循環にはまることもあります。

しかし、炎上のほとんどは事前に防ぐことができるものです。次に紹介する5つのポイントを押さえるだけでも、炎上のリスクは大幅に下がります。

▶ ①否定的な表現をしない

特定の主張や属性の人を否定するような投稿は控えましょう。自分の投稿でなくても、第三者によるそのような投稿にいいねをしたり、ストーリーズにシェアすることも「賛同している」と見なされる可能性があるため注意しましょう。ハッシュタグ検索等で見つけた自社商品に関する投稿にいいねやコメントをする際は、内容を確認した上で対応すると安全です。

▶ ②個人情報や機密事項が写り込んでいないかチェックする

　顧客や関係者に関する情報や機密事項が入ってしまわないように注意しましょう。意図的でなくとも、店舗内を撮影した際にお客様の顔が写り込んでいたり、商品の写真を撮る際に背後にあった書類や画面が入っていたり……といったことがないか、投稿する前に写真や動画をチェックしましょう。

▶ ③情報の正確さに注意する

　真実かどうか定かでない情報は発信しないようにしましょう。キャンペーンやイベント情報の誤りは炎上につながりかねないので確定してから出す、医療や健康に関する情報は専門家の確認を取ってから発信する等、裏付けができた状態で投稿しましょう。

▶ ④ズルをしない

　「ステマ」という言葉を聞いたことがある方も多いと思います。これは「ステルスマーケティング」の略語で、企業の関係者が一般ユーザーを装って商品を紹介したり、インフルエンサーがお金をもらって宣伝しているのに「#PR」を付けない等、宣伝であることを明記せずに発信することを指します。関係者による投稿や、インフルエンサー等への依頼自体は問題ありませんので、関係者であることや宣伝であることを明示して真摯にやることです。

▶ ⑤投稿のシェア時の著作権

　商品に関するUGC投稿の扱いについては、Instagramの正規の機能である「ストーリーズでシェア」を行う分には問題がないと考えています（あらかじめプロフィールに自社ブランドワードのハッシュタグが含まれる投稿をシェアする旨を記載しておくとより丁寧です）。

UGC投稿をシェアする際にショップタグを付けたり、ストーリーズスワイプアップでEコマースサイトに遷移させる（ショッピング機能申請が通っている＆フォロワー1万人以上で使える機能）等、商用利用する場合はその旨を伝えて許可を取っておくと安全です。

　他ユーザーのフィード投稿をスクリーンショット等で保存して自分のフィードで使用する場合は著作権問題になる可能性があるため、Instagram公式が提供していない転載方法を使う場合はコメントやダイレクトメッセージで投稿元のユーザーに確認してからにしましょう。

フィード投稿をストーリーズでシェア

Memo
ストーリーズでシェアされた投稿をタップすると、元の投稿に遷移します。

+1 ＼プラスワン／

災害時の投稿について

私が販促支援を行っているクライアントには、災害時は商品紹介等の投稿や広告を一時停止することをおすすめしています。ユーザーが避難情報等の必要な情報を探す際のノイズにならないように、という理由です。

炎上が発生した時の対応

　万が一、Instagramで炎上が発生してしまった場合は以下のような対応
をしましょう。

▶ ①アカウントの投稿その他のアクションを一時停止する

　コメントやメッセージへの対応、予約済みの投稿や広告も含めて、
Instagram上でのアクションを一時停止しましょう。炎上時にはあらゆる
面において否定的な意見が波及し、炎上を加速させてしまう恐れがあるた
めです。また、炎上の原因となった投稿や否定的なコメントを削除するの
も、「炎上自体をなかったことにしようとしている」と受け止められて火
に油を注ぐ結果になりかねないためやめましょう。

▶ ②すぐに上司や法務、広報等に相談する

　炎上時に担当者が1人で判断・対処するのは危険です。炎上がわかった
時点で上司や法務、広報担当者等に事態を共有し、連携して対処に当たり
ましょう。

▶ ③公式としてお詫びをする

　投稿内容に問題があると判断した場合は、公式としてお詫びを表明しま
しょう。謝罪時に再び炎上の火が燃え上がりますが、誠実で一貫性のある
対応を続けることで、その後の否定的な反応は減少していきます。大抵の
炎上は数日で収まりますが「落ち着いたから良し」としたり、犯人探しを
して終わりにするのではなく、何が悪かったのか、どうしたら再発を防げ
るのかを考える機会にしましょう。

4

フォロワーを増やすアカウント運用術

SNSは炎上のきっかけがあった時に情報が広まりやすいため目立ちますが、炎上は「SNSを運用するから起こる」わけではないので、過度に恐れる必要はありません。Webサイトでの発信内容、店舗での接客、商品の品質等、企業と顧客が接触するあらゆる機会が炎上の火種となりえますので、Instagramに限らず常に顧客に誠実に対応することが最大の予防策です。

■ Point！
- ☑ Instagramの炎上の大半は予防できる
- ☑ 万が一炎上した場合は1人で抱え込まず、チームとして対処する
- ☑ SNSにかぎらず、顧客への誠実な対応が一番

Chapter 5

魅力が伝わる
投稿作成のコツ

• • • • • •

第5章では商品の魅力やブランドの世界観が伝わる写真の撮り方を紹介します。01-03節の撮影テクニックや考え方は、フォトグラファーのもろんのん (@moron_non) さんにインタビューして聞きました。

良い写真を撮るための考え方

魅力的な写真を撮るには、見る人に何を伝えたいかを意識する必要があります。「インスタ映え」する写真のテクニックを紹介する前に、本節では根本となる考え方をお伝えします。

❯ 商品の一番の魅力を理解する

撮影者自身が商品の魅力や、伝えたいポイントを把握しておくことです。カジュアルさを売りにするか、高級路線や特別感を出すのかで見せ方が違ってきます。私が撮影する時は、価格帯・顧客のターゲット層・ブランドのキーカラーをよくヒアリングし、ターゲット層の人を表現するつもりで撮影します。撮影時の備品も、ターゲット層の人がリアルに利用するものにこだわって用意しています。

私が撮影したものを例にすると、シューズやバッグを展開する「artemis by DIANA」というブランドでは、カジュアルさとエレガントさがアピールポイントでした。「友達とのお出かけに、箱を開封して新しい靴をおろす」というストーリーをイメージして、通常であればシューズ単体で写すところを箱も一緒に写真に収めています。

箱を一緒に写し、開封時のワクワク感を表現

©artemisbydiana

　もう1つ、着用カットではただ単に靴を並べるのではなく、鏡の前で履いている様子を撮ることでまるで「今日はどちらの靴にしよう？」そんなイメージを作りました。

靴を選ぶ楽しさも伝える

©artemisbydiana

　被写体を撮ることで精一杯になりがちですが、ちょっとした「動き」を加えることも効果的です。躍動感のある一瞬を切り取ることができます。シューズの撮影ではパンプスの曲線美を表しました。

足元の動きを撮影

▶ 「主題」と「副題」を決める

　商品の魅力や伝えたいことが明確になったら、その中で優先順位をつけましょう。例えば、次の写真では主題を「カクテル」、副題は「目の前でドリンクを作ってくれる高揚感」と設定しています。

主題と副題

　伝えたい内容がいくつかある場合は、複数枚の写真に分けてカルーセルで見られるようにします。1枚の写真に詰め込まず、引き算で考えると伝えたい部分を際立たせることができます。

■ Point!
- ☑ 撮影者自身が商品の魅力を理解しよう
- ☑ 写真を見る人に何を伝えたいか、どんな印象を与えたいかを考える
- ☑ 伝えたいことの優先順位を整理する

商品の魅力を引き出す
写真撮影の構図とテクニック

本節では、写真のクオリティをアップさせる構図やテクニックを紹介します。簡単なものばかりですので試してみてください。

▶ 対象を引き立たせる４つの構図

写真の構図とは「被写体を画面のどこに配置するか」ということです。以下に基本となる構図を４つ紹介していきます。

▶ 日の丸構図

画面の中央に被写体を配置するシンプルな構図です。商品単体で目立たせたい時等に使います。

日の丸構図

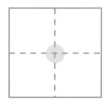

©moron_non

▶ 3分割構図

画面の縦横をそれぞれ3つに分割し、交点のどこかに被写体を配置します。メインの被写体と背景をバランスよく写しやすいです。

3分割構図

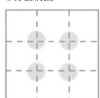 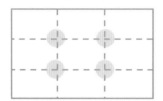

©moron_non

▶ 4分割構図

画面の縦横をそれぞれ4つに分割し、交点のどこかに被写体を配置します。3分割構図よりもダイナミックな印象になります。

4分割構図

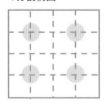 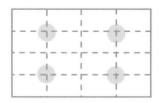

©moron_non

▶ 対角構図

　対角線上に被写体を配置する構図です。細長いものや複数の被写体、風景等の撮影に適しています。

対角構図

©artemisbydiana

▶ 写真のレベルが上がる光のテクニック

　写真はちょっとしたテクニックを押さえるだけでグッと良くなります。スマートフォンのカメラでも十分きれいに撮れるので、先の構図と合わせて試してみてください。

▶ 自然光の下で撮影する

　撮影はなるべく屋外や窓際等、自然光の元で行いましょう。室内の照明では色がきれいに写らなかったり、照明自体の影ができてしまったりするため部屋の電気は消して自然光だけで撮るのがベストです。

　ディナーの様子を伝える等、夜間に撮影する場合はキャンドルの明かりを使うのもおすすめです。

窓から入る太陽光でやわらかな風合いに

©artemisbydiana

▶ 順光と逆光

　多くは順光で撮影しますが、商品のシルエットやダイナミックな風景を表現したい時には逆光で撮影することもあります。

順光と逆光

順光

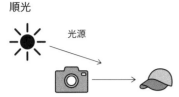

光源

光源の向きに沿って撮影

逆光

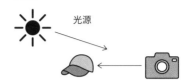

光源

光源の反対側から撮影

+1 ＼プラスワン／

便利な小物でオシャレに撮影

社内で撮影するとなると、専用のスタジオのようにオシャレな机やセットを用意するのは難しいかもしれません。そうした場合は、木目や大理石等の柄がプリントされた背景用の紙を使うと雰囲気が出ます。1-2メートル程度のくるくる巻ける背景紙や、白いリネンの布等をオフィスの机に敷くだけでもだいぶ素敵になります。

他にも、白いレフ版があると光がきれいに写るようになります。

背景紙を使うとオフィスでもオシャレな写真が撮れる

■ **Point!**

☑ 使うのはスマートフォンのカメラで十分
☑ 構図を意識して撮影すると存在感が出る
☑ 撮影は自然光下で行う

小さく表示されても目を引く
「タグ映え」の極意

ハッシュタグ検索や発見タブでは、他の多数の投稿と一緒に小さく表示されます。その中から選んで見てもらえるよう、小さな表示でも注目される投稿の作り方をお伝えします。

1枚目の写真でアイキャッチ

ハッシュタグ検索や発見タブでは、投稿が3列に並んで表示されます。たくさんの投稿の中から興味を持って開いてもらうには、小さくても投稿の内容や魅力が伝わるよう工夫する必要があります。

ハッシュタグ検索と発見タブ

▶ 要素を絞って余白を作る

　主役を引き立たせるため、余分な要素をできるだけ削ってシンプルにしましょう。P.120にてお伝えしたように、伝えたいことが多い場合は優先順位を決め、複数枚に分けてカルーセル表示でスワイプして見てもらうようにします。1枚目の写真は要素を入れすぎず、あえて余白を作ることでユーザーに想像してもらいます。

1枚目はシンプルに

1枚目は商品を大きく写し、2枚目は着用イメージが伝わるよう少し引いて撮影
©artemisbydiana

▶ 明るさと色合い

　スマートフォンの小さな画面では、暗めの写真よりも明るい写真のほうが目に飛び込んできます。撮影した写真を投稿する前に、明るさを足してみるのもおすすめです。

　また、使う色によって注意を引くこともあります。赤い色や黒と黄色の組み合わせ等の色はよく目立つため、見てほしいところに添えると視線の誘導に使える反面、優先順位の低い部分にこうした色が入っているとそちらに注意が行ってしまうこともあるため要注意です。

明るい写真は目に入りやすい

▶ 食品は「シズル感」がポイント

　「シズル感」とは、できたての温かい料理から湯気が上がっていたり、冷えたグラスに水滴が付いていたり、ショートケーキの断面にフォーカスして食べている場面をイメージさせる……等、食べ物が臨場感たっぷりにおいしそうに撮影されている様子を指す言葉です。

食べ物をアップでおいしそうに撮影

©moron_non

Memo

アカウントのプロフィールを見た時のバランスを意識し、寄りでシズル感を重視した写真と、引きで食卓全体を写して「食を楽しむシチュエーション」を想起させる写真を交互に投稿するのも良いでしょう。

▶ 人物の視線を活用する

　人間は他の人の視線の先を追う習性があるため、モデルを起用したり背景に人物を写り込ませる場合、人物の視線が向かっている方向に目立たせたい要素を配置することで、投稿を見るユーザーに注目してもらうというテクニックもあります。

人物の視線の先に見せたい要素を配置する

　商品を使っている場面を撮影する等、写真に人物が入る場合は視線の向きを意識してみてください。

+1 ＼ プラスワン ∥

動画もアイキャッチを選べる

フィードやリールに動画を投稿する際、ハッシュタグ検索や発見タブ、プロフィールで表示する部分を選ぶことができます。何も設定しないと動画の冒頭部分がサムネイルとして表示されますが、一番見せたいシーンが中盤にある場合は投稿時に「カバー」の位置を設定しましょう。

リールのアイキャッチを変更

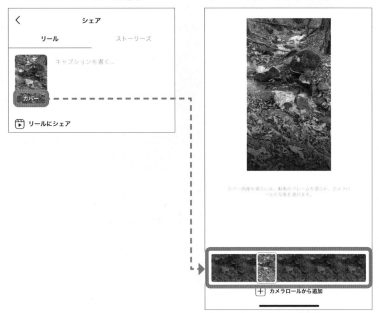

■Point！
- ☑ 一番見せたいものを1枚目のアイキャッチに持ってくる
- ☑ 余白を作り視認性向上＆想像の余地を持たせる
- ☑ 写真は気持ち明るめにする
- ☑ 食べ物は「シズル感」を出す

文字で情報を盛り込む
「読み物系」コンテンツ

　Instagram上では、画像に文字を加えた読み物系コンテンツも人気です。情報量が多いため保存される確率が高く、リーチが伸びやすい傾向があります。

読み物系もアイキャッチが大事

　画像に文字を入れるコンテンツも写真と同様、1枚目で興味を持ってもらい、2枚目以降で追加の要素を出していくのが基本です。フィード、ハッシュタグ検索、発見タブで表示された際に「何についての投稿か」を瞬時に判別できるよう、伝える要素に優先順位を付けて絞り込みましょう。

1枚目にアイキャッチを持ってくる

1枚目でドリンクのレシピであることを伝え、分量や手順等を2枚目以降の画像で紹介
©fruitysu_official

131

▶ スワイプや保存を促す説明を入れる

　1枚目の画像で興味を持ったユーザーによるアクション率を上げるため、スワイプや保存を促すのもおすすめです。カルーセルで複数枚の画像を見せる場合、最初の画像で続きがあることを明記しておくと続きを見てもらえる可能性が高くなります。

　また、最後の画像でプロフィールへの遷移や保存を促すのも効果的です。どこを触ると何が起こるのかをさりげなく伝えてあげることで、Instagramに不慣れなユーザーでもスワイプして続きを見る、保存する等のアクションを起こしやすくなります。

スワイプで続きが見られることを伝える

©fruitysu_official

　いいねや保存などのリアクションだけでなく、「投稿上での滞在時間」も投稿の品質を判定する要素の1つとして利用されており、ハッシュタグトップや発見タブおすすめへの掲載に影響します。

　どのようなコンテンツやデザインをすればユーザーがより長い時間を投稿に費やしてくれるかという観点で工夫をしてみるといいでしょう。

文字を読みやすくする工夫

　文字を入れた画像を作る際は、背景色と文字色のコントラストをはっきりさせましょう。背景シンプルなものが望ましいですが、要素が多くなる場合は文字に背景色を付けたり、背景の画像を一部ぼかしたりすると読みやすくなります。

文字が背景と混ざらないように工夫する

　また、字間や行間を変更するだけでも印象が変わります。背景とのコントラストは問題がないのに読みづらいと感じる場合は調整してみてください。文字が複数行に渡る場合、一般的には文字サイズの1.5倍から2倍ほど行間を空けると読みやすくなると言われています。

字間や行間を変えてみる

画像が完成したら、アプリ上の表示をシュミュレーションできるアプリ「The Grid」(p.67) 等を使い、実寸でどのように見えるかを確認して調整しましょう。

投稿前に表示を確認する

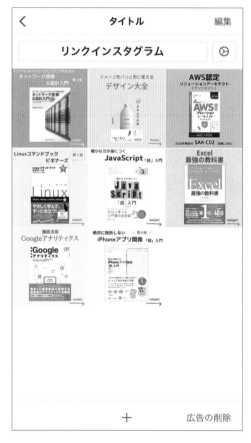

もろんのん さん

もろんのん /@moron_non

▶ Profile

・明るくポップな世界観を切り取るフォトグラファー。
・写真の楽しさや撮影テクニック等を YouTube やセミナーで発信する。

これまでに Instagram でどんな写真を撮影してきましたか？

　Instagram ではトラベル、飲食、アパレルが中心です。本書で紹介した artemis by DIANA（@artemisbydiana）や Mr. CHEESECAKE（@mr.cheesecake.tokyo）のほか、東海旅客鉄道株式会社のキャンペーン「そうだ京都、行こう。」のビジュアル撮影も行いました。

撮影時に意識していること

　写真で表現したいこと、目的を最初に決めた上で、見た人にどういう感情になってもらいたいかを考えてから構図や撮影方法を詰めていきます。
朝ごはんのシーンを撮影する場合は斜めの光を使って朝日が差し込む様子を表現する等、そのシチュエーションをリアルに感じてもらう方法を考えています。

撮影ビギナーの読者にひと言！

　「ブランドが一番伝えたいことは何か」「その商品の一番の魅力はどこか」といったことを理解することが大切です。これが定まってはじめて、表現方法や撮影テクニックの話になってきます。

Instagramをさらに
盛り上げる施策

• • • • • •

Instagramでは「1対n」のアカウント運用だけでなく、
UGCの活用が肝になります。本章ではInstagram活
用の鍵となるUGC活用やフォロワーとのコミュニ
ケーションに加えて、プラスアルファの施策について
もご紹介します。

フォロワーと積極的に交流して親密度を上げよう

Instagramでは関係が深いユーザーの投稿が優先的に表示されます。アカウントが育ってくると、投稿を見てくれるフォロワーが1%増えるだけでも大きな違いになりますので、フォロワーとの親密度を高める施策にも注力していきましょう。

親密度を上げるには？

Instagramではユーザー同士の関係性がアルゴリズムによって判断され、親しい相手とみなされたユーザーの投稿を見てもらえる可能性の高い上部や左側に表示します。親密度を上げるには投稿やアカウントを頻繁に見てもらったり、いいねや保存、コメント等の投稿に対するリアクションをもらうことが大切です。それ以外にもいくつかポイントがありますので、順番に紹介していきます。

▶ 定期的に投稿してフォロワーに見てもらう

フォロワーがフィードに表示された投稿をスクロールで流さず手を止めて見たり、複数枚の画像をスワイプして続きを見る、投稿からプロフィールへ遷移してアカウントに対して長く時間を使ってくれることでも親密度が上がります。投稿を見る行為そのものが親密度に関係しますし、投稿がたくさんのフォロワーに見られるほどエンゲージメント（いいねやコメント等のリアクション）をもらえる可能性も上がります。

投稿するほど見てもらえる確率が上がるため、単純に投稿数を増やすことは一定の効果が期待できます。投稿は定期的に行うのがおすすめです。

一度にまとめて投稿してもユーザーが一気に閲覧したりリアクションをするのは難しいため、コツコツと一定のペースで投稿を続けて関係性を高めていきましょう。

次の図は仮説ですが「投稿する→反応をもらう→親密度が上がる」を繰

り返してコツコツと親密度を上げていく様子を表しています。

投稿と親密度の関係（仮説）

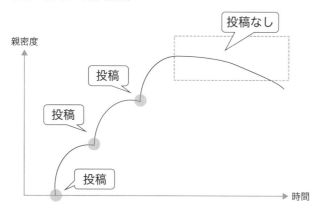

投稿すると閲覧やエンゲージメントにより親密度が上がりますが、何もしないと少しずつ下がっていくと予想しています。10年前に交流した人より、1時間前にあった人のほうが現時点で親密な関係と考えられるように、定期的に投稿することでフォロワーとの親密度を維持・蓄積していくイメージです。

親密度が高いと投稿を見てもらいやすくなる

▶ UGC投稿にコメントして会話を発生させる

自分のアカウント名や商品名で検索し、商品について言及しているユーザーを探すことを「エゴサーチ」と言います。自社商品を買って写真や感想を上げてくれているユーザーがいれば、投稿にいいねをしたり簡単なお礼コメントを付ける等のリアクションをしてみましょう。リアクションに対して相手から反応があれば親密度が上がりますし、公式からポジティブ

な反応が来ることは嬉しいものです。商品やブランドをより身近に感じて
もらえるかもしれません。

+1 ＼プラスワン／

エゴサーチのすすめ

エゴサーチで見つかるUGCには商品やブランドがどう見られているか、
UGCを投稿してくれるユーザーの属性（年齢・性別・趣味嗜好等）、投稿
されているシチュエーションや気持ち……等、顧客の情報が詰まっていま
す。商品名やアカウント名でエゴサーチを行うのは時間がかかりますが、
可能な範囲でやってみてください。どのような人が投稿しているのか、ど
のようなモノと一緒に、どこで撮影されているか……等、投稿やユーザー
の情報を見てみましょう。Instagramの運用に限らず、自社商品の顧客に
ついて理解する助けになります。

▶ ストーリーズスタンプでフォロワーと交流する

　Instagramのストーリーズでは、ユーザーが気軽にリアクションを送れ
るさまざまなスタンプが用意されています。クイズ機能や評価バー、テキ
ストを入力できるオープンクエスチョン機能等、目的に応じて使い分けま
しょう。

2択質問とクイズ

スライドバー

質問を記入し、スライドバーを選択肢のように使うこともできます。

オープンクエスチョン

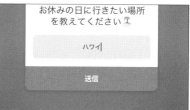

Memo

テキストは全角45文字、半角72文字まで入力できます。

ストーリーズスタンプは文章を考える手間なくリアクションを送れるため、コミュニケーションのハードルが下がり、普段あまりコメントやダイレクトメッセージを使わないユーザーも気軽に反応してくれることがあります。ストーリーズを閲覧してもらうだけでなく、スタンプをタップしたり質問に回答するといったアクションをしてもらうとさらに親密度が上がるため工夫してみてください。

　ストーリーズスタンプを使ったコミュニケーションで親密度が上がる以外にも、フォロワーの属性や商品の感想、商品を使うシチュエーション等を直に聞きだせることもあります。フォロワーの生の声を聴くことで、顧客の嗜好を把握して商品開発の参考にしたり、投稿するコンテンツのアイデアにもつながります。

商品の使い方を聞いてみる

　ストーリーズにスタンプを入れるとユーザーの滞在時間やエンゲージメントが伸びることが期待できますし、有益な情報が手に入ることもあります。目的に合ったスタンプがあれば積極的に使ってみてください。

▶ ライブ配信

　ライブ機能 (p.44) は通常の投稿と異なり、視聴者とリアルタイムなコミュニケーションが可能です。視聴者はその場で質問して疑問点を解消し

たり、ライブ配信者が実際に使う様子を見てサイズ感を把握する等、フィード投稿やWebサイトでカバーしきれない情報を得ることができます。

　ライブ配信を開始すると、ストーリーズ欄の左側にアイコンが表示されます。ストーリーズは親密度によって並び順が決まるため親密度の低いフォロワーには見てもらえないこともありますが、ライブ配信中は親密度が低くても左側の目立つ位置に表示されるので気付いてもらえる可能性が上がります。

　ライブ配信中に視聴者から届くコメントはできる限り拾って返していきましょう。ライブの視聴やコメントも親密度を上げる要素になりますし、ユーザーの疑問を解消することで購入の後押しにもなりえます。

　たくさんのフォロワーに見てもらえるよう、ライブ配信を企画したら事前にストーリーズで告知しておきましょう。ストーリーズのカウントダウンスタンプを使うと、そこからリマインダーを設定してくれたユーザーには配信時等カウントダウンを設定した時間に通知が届くようになります（p.46）。

+1　＼プラスワン／

コラボ配信

ライブには最大3人のゲストを招待し、共同で配信することができます。ライブは基本的にフォロワーとのコミュニケーションが目的の機能ですが、他のユーザーとコラボ配信を行うことでコラボ相手のフォロワーにも知ってもらうことができ、視聴者やフォロワーの増加も期待できます。

　アパレルブランドがモデルやデザイナーと組んで配信する等、コラボする相手は自分のアカウントと関連のあるユーザーが望ましいです。

▶ ダイレクトメッセージ

　やり取りをしているユーザー同士のプライベートな空間でコミュニケーションを取れる機能です。Instagramのアルゴリズムが親密度を測る際、ダイレクトメッセージの有無や頻度をとりわけ重要視しているとも予測さ

れています。

　ダイレクトメッセージが届いたら、可能な限り返信しましょう。Instagramにリソースを割けるのであれば、ダイレクトメッセージをカスタマーサポート窓口のように使う等、積極的に活用してフォロワーとコミュニケーションを取るのも1つの手段です。

　ダイレクトメッセージの使用頻度が高い場合は、登録した定型文を一瞬で呼び出せる「クイックリプライ」が便利です。

クイックリプライの設定

UGCの活用①
ユーザーの行動を確認する

Instagramでは自分のアカウントから「1対n」で情報を届けるだけでなく、一般のユーザーに自社の商品やブランドについて発信してもらう「N対n」の観点も重要です。本節では「N対n」の発信を増やすためのUGCの活用について、本節以降で詳しく説明していきます。

＞ UGC投稿のされやすさ

ユーザーによる商品やブランドについての発信をUGCと呼びます。InstagramではUGCをきっかけに購買のサイクル「UDSSAS」が回ることで、販促効果が加速していきます(p.19)。次節以降でUGC投稿が出やすくする方法(ハッシュタグや見本投稿等)を説明していきますが、はじめに現在のユーザーの行動を調べ、扱っている商品のUGC投稿のされやすさを確認しましょう。

ここで見るポイントは次の2つです。

1、現時点でのInstagram上のUGC投稿の有無

2、商品のGoogle画像検索数

1つ目からは「Instagramに投稿したい商品かどうか」がわかります。アパレル系やインテリア系等の「インスタ映え」しやすい商品は投稿が出やすいですが、ティッシュや乾電池のような日用品や転職、金融のような無形商材は難易度が上がります。

2つ目のGoogle画像検索数がそれなりに多い場合、Instagramで投稿はされていないものの「商品のビジュアルを見たい」というニーズはあることが伺えます。画像検索数はGoogleが提供している「GoogleSearch Console」で調べることができます。

Instagram上の投稿、Google画像検索で商品の特性によるUGC活用の

向き不向きがある程度わかります。

商品の種類によるUGC活用の向き不向き

Instagram上の UGC投稿の有無	Google画像検索数	UGC活用の 向き不向き
○	○	○
×	○	△
×	×	×

　UGC投稿、画像検索数がどちらも十分な場合、UGC投稿がされやすい商品ですので、以降で紹介するUGCを盛り上げる施策やフォロワーとの交流によってさらにUGC投稿を伸ばし、商品やブランドの認知度を上げていきましょう。

　UGC投稿は少ないもののGoogle画像検索数がそれなりにある場合、Instagramユーザーにまだブランドが認知されていないだけで、商品のビジュアルを見たいというニーズに呼応してUGC投稿が発生する可能性があります。一方でダイエット商品のようなコンプレックス商材の場合は「使っていることを公にするのは恥ずかしい」というユーザーも多いため、ビジュアルを見たいというニーズはあってもUGC投稿につながらないでしょう。

Google Search Console

　UGC投稿、Google画像検索のどちらも出ていない場合は、UGCの活用は難しい可能性が高いため他の施策を検討するのが良いでしょう。

- お役立ち情報を提供するメディアアカウントとして運用する
- Instagram広告を配信する
- Instagram以外の媒体に注力する

　一般的に金融商品や転職サービスのような無形商材、仲介系商材はUGCが出にくいですが、「金融商品の選び方」「転職の面接で注意すること」といった読み物系のお役立ちコンテンツを発信することでフォロワーを増やして知名度を上げる方法もあります。運用にかける金銭的・時間的なコストと期待できるリターンを比べた結果、Instagram以外の販促に力を入れるのも選択肢の1つです。

　Instagram上のUGC投稿やGoogle画像検索といった観点からユーザーの行動やニーズを分析し、運用方法に生かしてみてください。

6

Instagramをさらに盛り上げる施策

■ Point !

- ☑ 扱っている商品がUGCが出やすいか否かを見極める
- ☑ UGCが出やすい商品ならUGCの増加を狙って施策を行う
- ☑ UGCに不向きな場合は他の手段も検討する

UGCの活用②
独自のハッシュタグを作成する

他と被らない固有のハッシュタグを準備しておくと、UGCを探す際に役立ちます。UGCを活用するため、商品名やブランド名のような独自のハッシュタグを設定しましょう。

▶ UGC投稿用のハッシュタグを作ろう

はじめに、メインで利用してもらいたいハッシュタグを決めましょう。p.95にてハッシュタグの選び方を解説していますが、本節ではその中の「自社ブランドワード」について詳しく紹介します。

ユーザーによるUGC投稿を促す場合、公式アカウントが投稿用のハッシュタグを指定してあげることが多いです。プロフィールに「#○○で商品の写真や感想を募集します」等と記載してUGC投稿を促進しましょう。

独自性と入力しやすさを兼ねたハッシュタグ

UGC投稿用のハッシュタグ

UGC用のハッシュタグは投稿にも記載し、繰り返し伝えることでフォロワーに覚えてもらいましょう。使ってほしいハッシュタグが広まると、表記ゆれによるUGCの分散を防ぐことができます。

ハッシュタグを周知してUGCを集約

```
# ホットリンク      50 件
# ほっとりんく      5 件        ➡  # ホットリンク   100 件
#hotlink          35 件
#hottolink        10 件
```

UGC用のハッシュタグは「独自性」と「入力しやすさ」が重要です。

例えばブランド名が「オレンジ」の場合、そのまま「#オレンジ」とすると果物や色の「オレンジ」と混在し、ハッシュタグで検索しても自社商品の情報が埋もれてしまいます。利用するハッシュタグをInstagram上で検索してみて、既に使われていないことを確認しておきましょう。基本は商品名やブランド名をそのままハッシュタグにしてあげるのがベストですが、それらが一般名詞と被ってしまう場合は「○○オレンジ」のように別の言葉をつなげる等、オリジナルのハッシュタグになるよう工夫しましょう。

ハッシュタグは入力しやすいシンプルなものであることが望ましいです。例えば商品名が「#WD2-DXMAX-05」のような長いものである場合、入力に手間がかかりますしスペルミスもおきやすくなります。商品名が長かったり覚えづらい場合は「#ダブルティー」のように簡潔な愛称をつけてみましょう。

また、「#クリスマスホットリンク」のように季節イベントや利用シーン、商品のシリーズごとに専用ハッシュタグを作って投稿を促す方法もあります。

■ **Point!**

☑ **UGC投稿用の独自ハッシュタグを作る**

☑ **ハッシュタグはプロフィールや投稿に記載して周知する**

☑ **他と被らず、シンプルで入力しやすい言葉にする**

UGCの活用③
ユーザー投稿を促進する

　本節ではユーザーが投稿しやすい状況を作り、UGC投稿数を増やす方法を紹介します。

▶ アカウント基盤を作る

　有名なブランドやInstagramに投稿しやすい商品であれば何もしなくてもUGC投稿が発生するケースもありますが、できたばかりで知名度がまだ十分でない場合等は「UGCを投稿してくれそうなユーザー」とつながり、UGCが発生しやすいフォロワー基盤を構築します。

　既に自社商品や近いジャンルの商品についてUGCを投稿しているユーザーを探し、いいねやコメント等でコミュニケーションを取ることで自分のアカウントやブランドの存在を知ってもらいます。例えばヘアケア用品のメーカーであれば「＃トリートメント」に投稿しているユーザーと積極的にコミュニケーションを取る等、商品やブランドに興味を持ってくれる可能性の高いユーザーとつながりましょう。

　また、「＃(ブランドハッシュタグ)を付けた投稿はリポストで紹介させていただくことがあります」等とプロフィール文に記載しておき、UGCを紹介するアカウントであることが伝わるようにしましょう。

▶ 見本投稿を作成する

　UGC投稿を増やすため、ユーザーが投稿する際のヒントになるような見本投稿をしてあげましょう。例えばコスメ用品であれば最初に商品のパッケージを見せる、アパレル用品であればアイテムが引き立つ背景や小物と一緒に撮影する、食品であればアレンジレシピや盛り付けを投稿する……等、公式アカウント自らが美しく撮るヒントや商品を楽しむアイデアを発信し、間接的にUGC投稿のお手本を示します。

公式アカウントの投稿からヒントを与える

▶ 投稿のフォーマットを配布する

　ストーリーズ等でUGC投稿用のフォーマットを配布するのも効果的です。フォーマットがあれば「家のテーブルの上で商品を撮るだけではそっけないな」というユーザーもあまり悩まずに投稿できますし、企業としてもUGCの内容やクオリティを一定に保つことができます。「スクリーンショットで保存して使ってください」のように使い方を添えたり、投稿例を一緒に示すとより効果的です。

UGC投稿用のフォーマットを配布する

> UGC投稿をリポストする

　UGC投稿が発生してきたら積極的に投稿をリポストしていきましょう。フィード投稿は紙飛行機のマークをタップすると自分のストーリーズで投稿をシェアすることができます。これだけでは相手に通知が行かないため、投稿をシェアしたことに気付いてもらえるよう「@相手のアカウント」でメンションを付けましょう。また、自分のアカウントに@メンションを付けてもらっている場合に限り、ストーリーズに投稿されたUGCもシェアすることができます。

投稿をストーリーズでシェア

@メンション

[これをストーリーズに追加]
をタップしてシェアできる

6

Instagramをさらに盛り上げる施策

UGC投稿のリポストを続けていくと、UGCの増加が期待できます。ユーザーにとって自分の投稿が公式アカウントで紹介されるのは嬉しいですし、リポストをきっかけに公式アカウントのフォロワーからフォローされる等のメリットもあるため、積極的にUGCを投稿してくれるようになります。

また、リポストを見た他のユーザーも「投稿すると紹介してもらえる」と理解し、UGCを投稿してくれるようになります。

地道ではありますがUGCをコツコツとリポストして紹介していくことで「○○を食べたらハッシュタグを付けて投稿する」のような暗黙の文化が発生し、商品やブランドを中心としたコミュニティの形成にもつながっていきます。

▶ 投稿の切り口を提供する

UGC投稿をさらに増やしていくために、ユーザーに商品やブランドを思い出してほしいタイミングやカテゴリから新たな切り口を提案してみましょう。例えば食品ブランドで、朝ごはんやお弁当のような日常場面での投稿は出ているものの、「クリスマスの食材」というカテゴリでも想起を狙いたい場合は「#クリスマス○○」のような指定ハッシュタグを用意し、見本投稿やレシピを紹介してUGC投稿を促します。

■ Point！
- ☑ 公式アカウントで上手な見せ方を共有する
- ☑ UGC投稿用のフォーマットを配布する
- ☑ ユーザーの投稿を紹介してUGC投稿を促進する
- ☑ 公式自ら新しい投稿の切り口を提案してUGC投稿の活性化を促す

05 プラスαの施策①
スタッフが自ら発信する

　顧客が発信するUGC (User Generated Conternt) に対して、社員やスタッフ等の関係者による発信をEGC (Employee Generated Content) と呼びます。本節の事例はEGC活用で大きな成果をおさめるアパレルブランド、nano universeのSNS担当者に伺いました。

▶ スタッフ個人のブランディングにつながる

　アパレル・美容等、商品やサービスのプロであるスタッフの接客が購入の決め手になる業態では、専門的な知識を持つスタッフの発信を生かした運用も効果的です。こうしたスタッフによる発信を「EGC (Employee Generated Content)」と呼びます。

　公式アカウントと比べてEGCはスタッフの知識や個性によって投稿内容が左右されます。スタッフの負担はありますが、指名によるインセンティブ等スタッフ個人が前に出るメリットが強い業種であれば試してみる価値があります。

▶ EGCの事例（nano universe）

▶ 公式アカウントとスタッフアカウント

　アパレルブランドのnano universe (@nanouniverse_official) では、公式アカウントとスタッフアカウントの両面からデジタルマーケティング施策を行っています。EGCを投稿するスタッフアカウントは顧客とコミュニケーションを取ったり、こだわりのコーディネートを紹介したり、メイクやヘアスタイルと組み合わせて投稿したりと、一定のルールを設けた上で表現方法は各人に任せています。公式アカウントでは発信できないスタッフのフィルターを通したナノ・ユニバースの情報発信を行うことで、

スタッフ個人のブランディングを高めることが狙いです。

　スタッフアカウントの投稿の中から指定のハッシュタグが付いたものを公式アカウントでシェアし、スタッフアカウントのフォロワーに加えて公式アカウントのフォロワーにも投稿を見てもらえるようにしています。

公式アカウントでスタッフの投稿をシェア

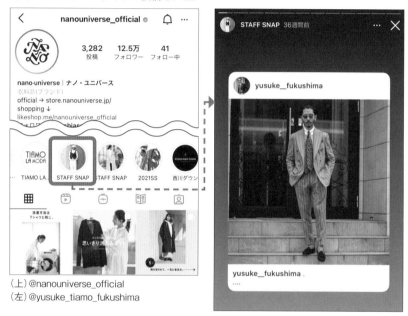

（上）@nanouniverse_official
（左）@yusuke_tiamo_fukushima

▶ 新世代の「カリスマ店員」を目指せ！

　Instagramでつながった顧客がダイレクトメッセージでの接客を経て購入したり、スタッフと写真を撮るために来店する等、EGC投稿が実売に結びついたとの報告が全国のスタッフから集まっています。前述のスタッフ・ティアモ（@yusuke_tiamo_fukushima）はその代表例で、Instagramに加えてYouTubeでの配信や実店舗での接客イベントも行っています。イベントのたびに店舗予算の3倍の売上を作り、参加した顧客からのUGCも活性化しています。店舗集客が厳しい状況の中で、Instagramを通して売上につなげる「カリスマ店員」を増やすことも1つの目標です。

▶ EGC活用のためにできること

スタッフに良い投稿を継続してもらうため会社としては次のような工夫をしています。

- スタッフのレベルに合わせた目標設定（投稿数・フォロワー数等）
- 良い写真を撮るためのマニュアル作成
- 良いスタッフ投稿や編集アプリ等を共有
- 思うように結果が付いてこない/行動できていないスタッフの悩みをヒアリングし、改善策を検討する
- スタッフのモチベーションを保つため、公式アカウントをはじめとする自社コンテンツ内でスタッフやEGCを紹介する

スタッフアカウントは公式アカウントと比較して個人の裁量が大きいですが、全てを各スタッフに丸投げせず、成功例は全体で共有し、困っていることは一緒に改善策を探しています。

Memo

EGCを活用する際には、スタッフのプロフィールに所属する会社やブランドのアカウント名を入れておく等、関係者による発信であることがわかるようにしておきましょう。

Point!
- ☑ スタッフが前に出るメリットがある場合はEGCの活用も検討する
- ☑ スタッフ個人に丸投げせず、会社やチームでサポートする

Chapter 6
06 プラスαの施策②
インフルエンサーとコラボする

注力商品のお披露目やイベント等、ブランドや商品の知名度を短期集中的に上げたい場合は多数のフォロワーを抱えるインフルエンサーに投稿を依頼するのも1つの手段です。

インフルエンサーの拡散力を借りる

多数のフォロワーを抱えていたり、情報発信に長けている等、SNS上で強い影響力・拡散力を持つ人物を「インフルエンサー」と呼びます。こうしたインフルエンサーに商品サンプルを渡して使用感を投稿してもらったり、自社アカウントの投稿をシェアしてもらうことで、インフルエンサーの持つフォロワーやコミュニティに情報を届けることができます。

▶ インフルエンサーの選び方と注意点

インフルエンサーを探すには直接ダイレクトメッセージ等で依頼する、インフルエンサーマーケティング会社に仲介してもらう等の方法があります。インフルエンサーを選ぶ際には、フォロワー数のような目に付く数字だけでなく、自社商品のジャンルや伝えたいテーマとの親和性があることを条件にしましょう。インフルエンサーもそれぞれ得意なジャンルがあり、コスメに強いインフルエンサーのフォロワーは同じくコスメに興味がある人々、料理が好きなインフルエンサーのフォロワーは料理への関心が高い人が多いです。インフルエンサーの持つフォロワーや影響力を存分に生かせるよう、宣伝したいテーマとの親和性に注目しましょう。既にブランド名のハッシュタグや公式アカウントへの@メンションを投稿してくれているユーザーの中から、影響力の大きい人を探すのもおすすめです。

また、インフルエンサーに協力を依頼する際には「#PR」を付ける等、宣伝である旨を明記して投稿してもらいましょう。広告であることを隠し

て投稿するのは「優良誤認表示」として法規制に触れますし、「ステマ（p.113）」とみなされ炎上してしまう危険がありますので注意してください。

　インフルエンサーを起用する場合はイベントの宣伝をしたいのか、インフルエンサーの拡散力をアカウントを成長させる起爆剤としたいのか……といった目的や達成期間がしっかり設定されていると効果を出しやすいです。コラボする相手が決まったら入念に打ち合わせを行い、宣伝方法やルールを共有しましょう。

フォロワー数によって呼び名が変わる

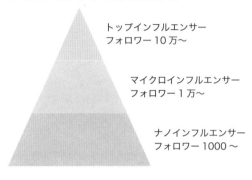

トップインフルエンサー
フォロワー10万〜

マイクロインフルエンサー
フォロワー1万〜

ナノインフルエンサー
フォロワー1000〜

Memo

インフルエンサーによる投稿を広告として出す等、他の施策と組み合わせるのも良いでしょう。

■**Point!**

☑ **インフルエンサーとコラボして投稿を伸ばすことができる**

☑ **インフルエンサーの選定や打ち合わせは入念に行う**

☑ **PR案件であることを明記する**

6

Instagramをさらに盛り上げる施策

とみこ さん

とみこ /@tomiko_tokyo

▶ **Profile**

・「うつわで暮らしに彩りを」をテーマに情報を発信する Web メディア『cocorone』
の編集長。

情報発信の場として Instagram を選んだ理由

　cocorone は食卓に並ぶうつわを通して「理想の暮らし」を発信するメディア
なので、ビジュアル要素が強く直感的にイメージを伝えられる点を重視しまし
た。アカウントの開設が簡単だったことも Instagram を選んだ利用の1つで
す。

Instagram と他のメディアの位置づけ

　cocorone は Instagram (@cocoronedays) と Web サイト (https://ccrne.
jp/) の両方で情報発信をしています。Web サイトは cocorone の世界観を体
現する場所、Instagram は一方的な発信にとどまらず、ユーザーとコミュニ
ティを作っていく場所として使い分けています。

　皆様の中には、既に Web サイトや Twitter 等、発信する媒体を持っている
方もいらっしゃると思います。新しく Instagram をはじめる際は、他のメディ
アとの役割分担を考えると運営に役立つかもしれません。

毎日の食卓に“小さな素敵”を見つ
けて。きほんのうつわ20の着回し
コーデ

『丸朝製陶所』さんを訪れて。
「きほんのうつわ」で食卓に小さ
な素敵をいつまでも

100年受け継がれるうつわを。
『丸朝製陶所』に聞く「滝呂焼」
の魅力

：ブランド独自の世界観の作り方

　発信側で「ふみの」という架空の人物像を設定しています。好きなもの、住んでいる場所、交友関係、仕事、ライフスタイル等を細かく作り込み、「この人ならどのような投稿をするだろうか」と考えながら発信しています。

　cocoroneはチームで運営しているので、「ふみの」という人物像に対する認識を合わせられるよう、Pinterest（ピンタレスト）で「ふみのらしい」人物、ファッション、インテリア等を画像として集めて皆で共有しています。

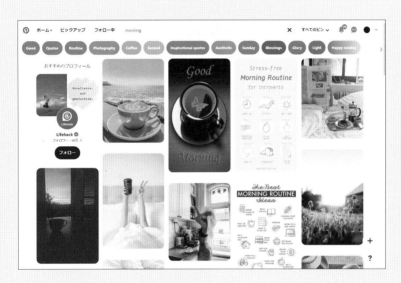

：ファンコミュニティの形成

　cocoroneではハッシュタグ「#cocoronedays」を使ったUGC投稿を募集しています。プロフィール文に「#cocoronedaysでお写真を紹介させていただきます」と書いておくことで、ユーザーの方々がシェアされることを狙って投稿してくれるようになります。

　UGC投稿の中からテーマに合ったものをピックアップし、投稿してくれた方にダイレクトメッセージ等で許可を取って公式アカウントで紹介しています。地道にユーザーの方々と交流を重ねていき、現在では「フィード投稿をいつでも使用OK」という方が150名ほどまで増えました。

投稿のデザインについて

　現在はシンプルな商品写真に文字を入れたものを複数枚カルーセル形式で投稿していますが、初期は写真のみ1枚等、パターンが混在していました。世界観を表す手段の1つとして文字を入れたり、カルーセル形式にすることで1投稿あたりの情報量を増やす等、試して反応が良かったものを採用しながら現在の形に行き着きました。

　デザインを考えるコツは「ユーザー目線」です。写真や文字が見やすいか、主題がきちんと伝わるか、といった点に注意しています。自分の投稿だけでなく他のアカウントの投稿も色々と見ながら、良いところや不便なところを分析して次の投稿に生かすようにしています。

Instagram担当者に一言！

　アカウント運営担当者の方が楽しみながら続けてくれると良いと思います。チームで運営しているのであれば「あの投稿が良いよね」のようにお互いに褒め合ったり、モチベーションを高めながらやっていけると良いですね。

索　引

　学生時代、当時日本でリリースされたばかりのInstagramで世界各地の美しい写真を見て、「もっと世界を見てみたい」という衝動をいだき、持て余していた時間を使って20ヶ国ほどを見て回りました。

　見たことの無い風景や新たな文化に触れ、今までは知らなかったさまざまなことに興味を抱くようになったり、最も大切な友人を得ることもできました。その後もInstagramを通して世界の情報を得て、世界中の友人とコミュニケーションを続けています。

　Instagramは企業ミッションをこのように掲げています。

　「大切な人や大好きなことと、あなたを近づける」

　ぼくはまさにInstagramによって大切な人と大好きなものに出会えた人の一人です。

　新たな機能や仕様変更など変化が激しいInstagramですが、変わることなくこの中心的価値を提供し続けてくれるInstagramがぼくは大好きです。

　このような人生を経て、現在はアメリカ、中国、日本という世界に拠点をおくホットリンクというグローバル企業でソーシャルメディアの研究や企業支援をしているという点もなにかのめぐり合わせだと思っています。

　Instagramをはじめとするソーシャルメディアの本質は、SNSを通して発信ができるようになった個人の集合体です。ひとりひとりの生活者に自分のブランドについて発信してもらうことがソーシャルメディア活用の鍵になります。

　人々がポジティブな会話をする商品とは、誰かの悲しみや悩みを和らげたり、ちょっとした楽しみや幸せを提供できる「良い商品」です。

　商品自体が人々に驚きや価値を提供していなければ、いくら小手先で

マーケティングを頑張ってもポジティブな発信が湧き出てくることはないのです。

生活者一人ひとりの発信によって、良い商品や価値のあるサービスがより多くの人に伝わっていく。そんな新しい時代のマーケティングスタンダードを創り、普及することがホットリンクの使命だと考えています。

本書の出版にあたり、本当にたくさんの方にお力添えいただきました。

編集をしてくださったり様々な要望を聞いてご対応くださったSBクリエイティブの國友さん

執筆にご協力くださったcocorone編集長のとみこさん、Mr. CHEESECAKEのもろんのんさん

素材や事例提供をしてくださったミルボン池田さん、ジョンソンヴィル海宝様、ミツカン楠見様、平尾様、ナノ・ユニバース様

共に試行錯誤しながらいつも全力で取り組んでくださるクライアントのみなさま

いつも相談にのったり、助けてくれるホットリンクメンバーのみんな

あらゆる角度からこの出版にご助言くださった人生の恩人室谷さん

書籍を出すことの背中を押してくれ、プロモーション面においても全面的にサポートくださったいいたかさん

ソーシャルメディアマーケティングに取り組む上で根幹となる考え方のすべてを教えてくださったjigen_1さん

いつも気にかけてくれて、迷ったら心が動き出す方向に進めと背中を押してくれるお父さん、お母さん、おじいちゃん、兄たち。

本当にありがとうございました。

そしてなにより最後まで読んでくだった読者の皆様、ありがとうございました。

本書が効果的なInstagram活用のために少しでもお役に立てれば、この上ない喜びです。

「#インスタ攻略本」で
SNSに感想を投稿しよう！

Special Thanks

もろんのん

明るくポップな世界観を切り取るフォトグラファー。
写真の楽しさや撮影テクニック等をYouTubeやセミナーで発信する。

Instagram：もろんのん (@moron_non)

MORON_NON

とみこ

「うつわで暮らしに彩りを」をテーマに発信するWebメディア『cocorone』の編集長。

Instagram：tomiko_tokyo (@tomiko_tokyo)
cocorone | うつわで暮らしに彩りを (@cocoronedays)

TOMIKO_TOKYO   COCORONEDAYS

▶ 著者紹介

朝山 高至（株式会社ホットリンク）
（あさやま たかし）

Twitter：アサヤマ - ASAYAMA（@taasayan）

慶應義塾大学総合政策学部卒。人材系企業で基幹事業のデジタルマーケティング全般を担当し、2019年にSNSマーケティング支援・グローバルでのソーシャル・ビッグデータの流通と分析を行う株式会社ホットリンクに入社。企業のInstagramマーケティング支援や、ソーシャルメディアマーケティングの研究機関「ホットリンク総研」の研究員としてInstagramマーケティングのメソッド開発に従事。Instagram世代の購買行動プロセス「UDSSAS（ウドサス）」を提唱。株式会社ホットリンク マーケティング本部リーダー 兼 ホットリンク総研研究員。

注意事項

〇本書内の内容の実行については、すべて自己責任のもとで行ってください。内容の実行により発生したいかなる直接、間接的被害について、著者およびSBクリエイティブ株式会社、製品メーカー、購入した書店、ショップはその責を負いません。

〇本書の内容に関するお問い合わせに際して、編集部への電話によるお問い合わせはご遠慮ください。

▶ **本書のサポートページ**

https://isbn2.sbcr.jp/08156/

本書をお読みになりましたご感想、ご意見を上記URLからお寄せください。

装丁	……………………	井上 新八
制作	……………………	クニメディア株式会社
編集	……………………	國友 野原

ゼロからわかるビジネス Instagram
（インスタグラム）
結果につながる SNS 時代のマーケティング戦略
（エスエヌエス）（せんりゃく）

2021年 4月20日　初版第1刷発行
2022年 6月30日　初版第9刷発行

著　者	……………………	朝山 高至（株式会社ホットリンク）
発行者	……………………	小川 淳
発行所	……………………	SBクリエイティブ株式会社
		〒106-0032 東京都港区六本木2-4-5
		https://www.sbcr.jp/
印　刷	……………………	株式会社シナノ

落丁本、乱丁本は小社営業部（03-5549-1201）にてお取り替えいたします。定価はカバーに記載されております。

Printed in Japan ISBN 978-4-8156-0815-6